황당한 이야기

2016년 1월 5일 발행

글 | 권태문
그린이 | 손재수
펴낸이 | 조병서
펴낸곳 | 도서출판 **글사랑**
등록 | 1997년 12월 1일 (제8-34호)
주소 | 서울시 용산구 이촌로2가길 66 101-603
TEL | 02-3274-0187

◆ 잘못된 책은 바꿔 드립니다.
ⓒ 2016 글사랑
ISBN 978-89-7028-324-1 73000

이 커지는 이야기

황당한 이야기

글사랑

차례

5,000년 전 원시인 외치 ... 11

귀신 붙은 블루호프 다이아몬드 ...20

자기 죽음을 예언한 청년 ...30

백두산 천지의 괴물 ...38

물고기 뱃속에서 나온 책 ...47

펄펄 끓는 용암 위를 걸은 사람 ...55

무덤에서 보내 온 선물 ...64

서북으로 뱃머리를 돌려라 ...71

바위 속에 갇힌 두꺼비 ...79

움직이는 밀랍 인형 ...87

죽은 지 일주일 만에 만난 형 ...96

피를 빨아먹는 소녀 귀신 ...103

무덤에서 풍겨 온 향기 ...113

해가 없는 곳에서 온 초록색 아이 ...121

운명이 비슷한 두 대통령 ...129

두 발로 걷는 털북숭이 괴물 ...137

사람을 잡아먹는 괴물 ...146

왕의 일생과 똑같은 삶을 산 식당 주인 ...155

귀신이 치료하는 환자 ...164

세 번 교수형을 당하고 살아난 사형수 ...172

수정 구슬을 통해 사고를 예언하는 사나이 ...180

5,000년 전 원시인 외치

 5,000년 전에 살았던 원시인이 나타났다면 믿을 사람이 얼마나 있을까요? 아마 한 사람도 없을 겁니다.
 그런데 1991년 5,000년 전 신석기 시대 원시인 외치가 그 모습을 드러냈습니다.
 1991년 9월에 일어났던 일입니다. 오스트리아의 외츠탈이라는 알프스 산골에서 세상을 깜짝 놀라게 한 일이 일어났습니다.
 5,000년 동안이나 빙하에 갇혀 있던 원시인의 모습이 드러났기 때문입니다. 물론 죽은 시체였지만 조금도 썩지 않고 미라로 있었습니다. 그뿐이 아닙니다. 그 옆에는 살림살이 등 여러 가지 소

지품도 있었습니다.

"5,000년 전 그 때 사람들이 어떤 옷을 입었으며, 어떤 도구를 어떻게 사용했는지 자세히 알려 주고 있다."

고고학자들과 과학자, 생물학자, 인류학자들은 이 원시인의 미라를 보고 흥분을 감추지 못했습니다.

고고학자들과 과학자들은 탄소 측정을 통해 이 원시인의 정체를 밝혀냈습니다.

"이 원시인의 미라는 지금으로부터 약 5,000년 전(기원전 3500~3000년) 이 지방에서 목축을 하며 살던 남자다. 나이는 40세에서 50세 사이에 숨진 것으로 추정된다."

목축을 했는지 어떻게 알아냈을까요?

미라의 가죽 옷을 복원한 결과 여러 조각의 가죽을 동물의 힘줄로 기워 만들었다는 것을 밝혀냈습니다.

또 신발은 바닥 깔개, 발등 덮개, 양말 모양의 그물 등 세 부분으로 되어 있었습니다. 과학자들은 그물 속에 풀을 깔고 그 위에 바닥 깔개를 놓고 신은 것으로 보고 있습니다. 신을 복원해서 살펴본 결과 여러 번 수리해서 신은 흔적을 발견했습니다.

가죽 옷과 가죽 신발로 미루어 보아 목축을 하던 사람으로 추정했습니다.

찌그러진 상자도 하나 발견되었는데 이 상자는 자작나무 껍질로 만들어졌다고 합니다. 상자 안엔 단풍나무 잎들과 3그램 정도의 석탄이 들어 있었습니다.

과학자들은 이때의 원시인들이 석탄 불씨를 단풍잎에 싸서 상자에 넣고 다닌 것으로 보고 있습니다.

그 밖에 작은 구리도끼, 돌칼, 풀로 만든 칼집, 가죽 끈으로 여러 겹 묶은 돌조각, 줄이 달리지 않은 미라의 키보다 긴 활, 화살통과 화살촉 및 깃털이 붙은 화살 2개, 화살대 12개가 발견되었습니다.

그뿐만이 아닙니다.

화살통 안에는 작은 가죽 주머니가 달려 있었습니다. 그 속에는 풀 베는 것으로 보이는 날카로운 돌, 구멍을 내는 데 쓰는 가느다란 동물 뼈와 버섯 두 개가 들어 있었습니다.

과학자들은 처음에 이 버섯을 불쏘시개인 줄로 생각했습니다. 그러나 버섯은 2,000여 년 전부터 항생 효과가 있는 것으로 알려져 온 것이어서 약으로 사용하기 위해 가지고 다닌 것으로 보고 있습니다.

이 원시인 미라는 키가 158센티미터, 몸무게가 43킬로그램 정도 될 거라고 했습니다.

이 원시인이 누워 있던 곳은 이탈리아 국경 부근의 알프스 산맥 한가운데 골짜기였습니다. 해발 3,200미터의 높은 곳으로 우리나라 백두산보다 더 높은 곳입니다.

아마 이상 난동(갑작스레 오른 기온)으로 빙하가 녹아 내려 오스트리아까지 흘러내려간 것이라 했습니다. 그렇다면 이 원시인은 더 높은 곳에서 죽었을지도 모릅니다.

"이런 여러 가지 도구들로 보아 이 남자는 집을 떠난 지 여러 날 되었고, 소를 치기 위해 높은 산기슭까지 올라갔을 것이다. 그 증거로 이 남자가 입고 있는 가죽 옷이 처음 만들었을 때와는 달리 여러 군데가 동물의 힘줄로 거칠게 기워져 있는 점, 옷감이 양털이나 염소 가죽이 아닌 점 등이 소치는 사람이었다는 걸

증명한다."

과학자들은 이렇게 결론을 내렸습니다.

그러면 이 원시인은 왜 죽었을까요?

"동물에 물린 상처가 없는 것으로 보아 이 남자는 얼어 죽은 것으로 보인다."

높은 산꼭대기니까 기온의 변화가 심했을 겁니다. 갑자기 내려간 기온에 그만 얼어 죽었을지도 모릅니다. 눈은 며칠이고 내려 얼어 죽은 이 원시인의 시체를 두껍게 덮었을 것입니다.

미라는 사람이나 동물의 시체가 바짝 말라 본래의 모습과 가까운 상태로 있는 것을 말합니다.

미라가 발견된 건 여럿 있습니다.

고대 이집트 왕국의 무덤에서 사람의 미라가 발견된 건 이미 널리 알려져 있는 일입니다.

이집트 왕국의 무덤에서 나온 미라는 화학적으로 처리되었습니다. 사람의 내장과 뇌를 끄집어낸 미라입니다.

그런데 알프스에서 발견된 미라는 죽은 그대로였으니 신기한 일이 아닙니까?

"이 원시인은 알프스를 등반 중이었는지 몸에는 털가죽 옷을 두르고 있었고, 오른손엔 돌도끼를 가지고 있었다. 목에는 가죽과 돌로 된 목걸이를 하고 있었는데 부적의 일종으로 보인다."

어떤 과학자는 목축을 하는 사람이 아니고 사냥을 하는 사람일 거라고도 했습니다.

어쨌든 5,000년 전의 사람이고 보면 그 죽음이나 직업에 대한 의견이 갖가지일 수밖에 없겠지요.

빙하에서 발견된 이 원시인에 대해 밝혀 낼 것이 너무도 많다고 합니다.

알프스 산맥 눈 더미 속에서 사람의 시체가 발견된 적은 있지만, 5,000년 전의 원시인으로는 이것이 처음입니다.

이 미라를 지금 어떻게 보관하고 있을까요? 퍽 궁금하지요.

이 미라는 이탈리아 볼차노 지역의 남부 티롤 고고학 박물관에 보관돼 있습니다.

이 미라에 매달 들어가는 돈이 약 750만 원이나 된다고 합니다. 바짝 마른 시체를 보관하는 데 뭐가 그렇게 큰돈이 들어가냐고요?

아무렇게나 보관할 수 없지요.

보관하고 있는 곳은 냉장실입니다. 온도는 항상 섭씨 6도, 습도는 98퍼센트를 유지시키고 있습니다.

이 냉장실은 특수하게 만들었습니다. 만약 보존 상태에 조금이라도 이상이 생기면 경보가 울립니다.

이상이 생기면 곧바로 옮기기 위해 똑같은 조건의 빈 침대도 준

비해 놓았습니다. 이 미라를 옮기는 시간은 단 30초밖에 안 걸립니다.

다른 미라들처럼 무덤에서 발굴된 것이 아니라 일상의 도구를 생생하게 갖추고 생활 주변에서 발견되었으니 아주 조심스럽게 다루어야겠지요.

"인류에게 원시인의 삶을 알리기 위해 기나긴 시간을 빙하에서 기다려야 했던 이 미라에게 그 정도의 대접은 그리 비싼 것이 아니다."

과학자들은 입을 모아 이렇게 말하고 있습니다.

과학자들은 이 미라의 골격을 바탕으로 그 모습을 재현시켰습니다.

가죽 옷과 겉으로 동여맨 가죽신과 활을 들고 활통을 찬 모습은 아주 씩씩한 사냥꾼 같기만 했습니다.

"정말 커다란 행운이다. 이번에 발견된 미라는 전혀 손상되지 않은 상태로 보존되어 있다. 이제까지 이렇게 오래 된 원시인을 이렇게 좋은 상태에서 연구할 수 있는 기회는 없었다."

과학자들은 이 미라를 통하여 5000년 전의 생활 모습을 연구하느라 분주하다니 그 연구 결과를 지켜 볼 수밖에 없겠지요.

우리나라에서도 무덤에서 미라가 발견된 적은 있습니다. 그러나 400여 년 전의 시체니까 이 원시인의 발견에 비하면 그리 신기할 것도 없습니다.

　세상을 떠들썩하게 만든 이 원시인의 미라.

　과학자들은 지금까지 썩지 않고 미라가 된 상태와 이 미라의 많은 신비를 벗길 것입니다.

　모두 5,000년 전 원시인에게로 귀를 모아 봅시다. ★

외치

세계에서 가장 오래된 미라로 추정되는 외치는 159센티미터 키에 46세의 남자로 뼈와 피부로 연대를 측정한 결과 5,300년 전의 석기시대 사람으로 밝혀졌습니다. 또 미라의 뼈와 근육에서 DNA를 뽑아내 분석한 결과 유럽인의 조상으로 판명 되었습니다.

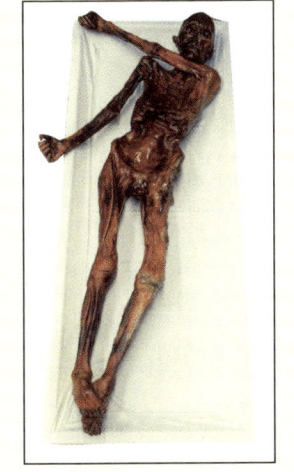

처음에는 외치가 추위와 굶주림 때문에 죽었다고 조사되었지만, 발견 10년 후인 2001년 X선 촬영에서 왼쪽 어깨 뒤에 깊이 박힌 돌 화살촉이 발견되면서 살해된 것으로 밝혀졌습니다. 그후 계속된 조사를 통해 외치의 오른손에서 적을 방어하면서 생긴 듯한 상처가 발견됐고, 외치의 칼과 화살촉, 옷 등에 묻은 피의 DNA를 분석한 결과 이 피가 네 사람의 것으로 확인됐습니다. 결국 외치는 여러 사람들과 격렬하게 싸우는 과정에서 어깨에 화살을 맞아 죽은 것으로 결론 났습니다.

귀신 붙은 블루호프 다이아몬드

"당신은 곧 나라의 임금님도 가지지 못한 훌륭한 보물을 가지게 될 것입니다."

인도의 코르툰 강 부근에 사는 마레아라는 농부에게 점쟁이가 이렇게 말했습니다.

"뭐라고요? 보물을 가지게 된다고요?"

농부 마레아는 믿어지지 않는 얼굴로 점쟁이를 쳐다봤습니다.

"거짓말처럼 들려요?"

점쟁이가 마레아를 보고 못 믿겠느냐는 듯한 표정을 지었습니다.

"그렇다면 어떤 보물일까요?"

마레아는 거짓말일 거라 여기면서도 보물이라는 말에 군침이 돌았습니다.

"보물은 아주 작은 것입니다."

"아주 작은 보물이라니요?"

마레아는 눈을 둥그렇게 떴습니다.

"아주 조그마하지만 그 보물에는 무서운 귀신이 붙어 있습니다."

"그런 보물은 싫어요. 나는 그런 보물을 가지지 않을 겁니다."

"가지지 않으려 해도 당신은 어쩔 수 없이 가지게 될 것입니다."

마레아는 그만 얼굴이 붉으락푸르락 해졌습니다.

"그게 무슨 뜻입니까?"

마레아는 점쟁이의 말이 믿어지지가 않았습니다.

"당신은 그 보물을 가지게 되면 곧 죽을 것입니다."

"뭐라고요? 내가 죽는 다구요? 그런 새빨간 거짓말이 어디 있어요. 당신은 엉터리 점쟁이라고요. 퉤퉤."

마레아는 화가 나서 마구 욕을 퍼부으면서 침을 뱉었습니다.

"엉터리 점쟁이가 나를 화나게 만드네."

마레아는 점쟁이 얘기가 마음에 걸려 일이 손에 제대로 잡히지

않았습니다. 며칠이 지나도 마레아에겐 아무 일도 없었습니다.
"순 엉터리 점쟁이야. 아무것도 모르는 것이 점을 친다고 다녀?"
마레아는 아무 일도 일어나지 않자 그만 코웃음을 쳤습니다.
1년이 지난 어느 날 마레아는 밭에 씨를 뿌리려고 땅을 갈았습니다.
"어! 이게 무얼까?"
밭을 갈다가 무엇인가 아름다운 빛을 내는 게 보였습니다. 구슬보다 약간 큰 돌멩이 같았습니다.
마레아는 빛이 나는 돌멩이를 들고 요리조리 살폈습니다.

"고것 예쁘게 생겼는데."

마레아는 이렇게 중얼거리며 그 빛이 나는 돌멩이를 주머니에 넣고 밭을 다 갈았습니다. 그리고 집으로 돌아와 부뚜막에 놓아 두었습니다. 그것은 다이아몬드였습니다. 마레아는 그것도 모르고 그저 예쁜 돌멩이거니 하고 생각했습니다.

그 해 여름이었습니다.

이웃 게르샤의 에미르 제람 장군이 인도로 쳐들어왔습니다. 공교롭게도 마레아의 집에 먼저 닿았습니다.

"어!"

에미르 제람 장군은 부뚜막에 놓여 있는 빛이 나는 돌멩이를 보고 놀라서 눈을 둥그렇게 떴습니다.

'이런 집에 귀중한 다이아몬드가 있다니, 이건 어디서 훔친 것이 분명해. 그냥 둬서는 안 되겠어.'

에미르 제람 장군은 보석에 대해 많이 알고 있었습니다.

'이런 귀중한 다이아몬드가 내 손에 들어오다니, 이건 내 생애 최고의 행운이야.'

에미르 제람 장군은 부뚜막에 놓여 있는 다이아몬드를 집어 들었습니다.

"이걸 어디서 훔쳤지?"

에미르 제람 장군은 마레아에게 눈을 부릅뜨며 물었습니다.

"훔치다니요?"

마레아는 밭에서 주웠다고 얘기했습니다. 그러나 에미르 제람 장군은 마레아의 말을 믿지 않았습니다. 에미르 제람 장군은 그만 마레아의 목을 쳤습니다.

정말 점쟁이의 말이 족집게처럼 맞아떨어졌습니다.

마레아를 죽이고 다이아몬드를 빼앗은 에미르 제람 장군은 고국에 돌아가 왕에게 다이아몬드를 바쳤습니다.

다이아몬드를 바친 에미르 제람 장군은 다른 신하의 모함을 받기 시작했습니다.

"에미르 제람 장군은 왕의 자리를 넘보는 짓을 했다. 그를 사형시키겠노라."

에미르 제람 장군은 이렇게 죽임을 당했습니다. 다이아몬드를 두 번째로 손에 쥔 사람도 죽고 말았습니다.

세 번째로 다이아몬드를 손에 쥔 왕도 그만 부하에게 암살당하고 말았습니다.

참으로 무서운 귀신이 붙은 다이아몬드인가 봅니다.

1668년 타베르니에라는 프랑스의 여행가 손에 이 다이아몬드가 넘겨졌습니다. 이 여행가는 프랑스 왕 루이 14세에게 다이아몬드를 팔았습니다.

그 후 네 번째로 다이아몬드를 손에 쥔 여행가도 그만 미친개에게 물려 죽었습니다.

그러면 다섯 번째로 다이아몬드를 손에 쥔 루이 14세는 어떻게 되었을까요?

루이 14세 역시 병으로 죽고 말았습니다.

그러면 이 다이아몬드를 다음에 누가 가졌을까요? 루이 14세가 죽자 루이 16세가 왕의 자리에 올랐습니다. 다이아몬드도 물려받았습니다. 그런데 루이 16세는 프랑스 혁명으로 왕후와 함께 사형을 당하고 말았습니다.

1793년 8월, 프랑스 궁궐 안에 있던 다이아몬드가 없어졌습니다. 도둑을 맞은 것입니다. 그러나 도둑을 잡지 못했습니다.

1800년, 이 다이아몬드가 네덜란드에 나타났습니다. 파루수라는 보석상인의 손에 이 다이아몬드가 들어갔습니다. 그는 이 다이아몬드를 어디서 누구에게 구했는지 끝내 입을 열지 않았습니다.

'저렇게 훌륭한 다이아몬드는 처음 보는구나. 저것을 내가 가져야지.'

보석상인의 아들이 그만 이 다이아몬드를 훔쳤습니다.

"어느 놈이 내 귀중한 보석을 훔쳐 갔는가. 그놈은 벼락을 맞아 죽을 거야."

보석상인은 자기의 아들이 훔쳐간 걸 모르고 이렇게 욕을 퍼부

었습니다. 보석상인은 화병으로 그만 죽고 말았습니다.

보석상인의 아들은 아버지가 다이아몬드 때문에 화병으로 죽자 양심의 가책을 느꼈습니다. 그도 그만 스스로 목숨을 끊고 말았습니다.

1911년 마침내 이 보석은 미국으로 건너가게 되었습니다. 미국에서도 이 다이아몬드는 무서운 힘을 나타냈습니다.

마크 리인이라는 사람이 이 다이아몬드를 샀습니다. 이 보석을 산 뒤부터 그만 정신병자가 되었습니다. 그러다가 얼마 안 있어 죽었습니다. 아들도 교통사고로 죽었으며, 그의 딸도 수면제를 먹고 죽었습니다.

다이아몬드는 사람의 손에서 돌고 돌면서 그 주인을 죽이곤 했습니다.

1947년 뉴욕의 해리 윈스턴이라는 보석상인이 다이아몬드를 사 들였습니다. 그러나 그는 다이아몬드를 소유하지 않고 미국의 학술 기관인 스미소니언 협회에 무료로 기증하였습니다. 그는 죽지 않았습니다. 이 귀신 붙은 다이아몬드는 협회의 보석관에 엄하게 보관되어 있습니다.

여러 나라로 돌아다닌 이 귀신 붙은 다이아몬드의 정체는 오늘도 알 수 없는 수수께끼로 남아 있습니다.

400년 전의 수수께끼가 지금도 풀리지 않고 있으니 정말 불가

사의한 일입니다. ★

저주받은 4대 다이아몬드

저주받은 4대 다이아몬드로는 리전트 다이아몬드, 상시 다이아몬드, 블루호프 다이아몬드, 피렌체 다이아몬드가 있습니다.

〈블루호프 다이아몬드〉

리전트 다이아몬드 - 루브르 박물관의 아프론 화랑에 진열되어 있으며 백만불짜리 다이아몬드라고도 불립니다.

상시 다이아몬드 - 영국왕 헨리 3세가 자신의 대머리를 감추기 위한 모자에 장식했던 다이아몬드입니다. 크기는 55캐럿으로 1570년경 프랑스 대사인 상시가 프랑스로 가져왔기 때문에 상시 다이아몬드라는 이름을 갖게 되었습니다.

블루호프 다이아몬드 - 크기는 45.52캐럿이며, 현재 미국의 스미스소니언 박물관에 있습니다.

피렌체 다이아몬드 - 1657년 이탈리아 메디치 가문의 소유였다가, 18세기에는 함스부르스 왕관이 소유하였고, 그후 행방이 알려지지 않아 신비한 다이아몬드로 남아 있습니다.

자기 죽음을 예언한 청년

영국의 체서 지방의 오버라는 마을에 로버트 닉슨이라는 청년이 살았습니다. 이 청년은 1467년에 태어났다고 합니다. 마을 사람들은 이 청년을 바보라고 놀리기도 했습니다. 항상 꿈같은 허황된 생각을 하는 사람이라고 생각했기 때문입니다.

이 청년은 사람들과 말을 잘 하지 않았습니다. 때로는 알아들을 수 없는 이상한 소리를 하곤 했습니다. 그래서 마을 사람들은 그를 바보라고 했습니다.

어느 날이었습니다.

청년은 밭을 갈다가 멈추고 이상한 눈초리로 주위를 둘러보면서 외쳤습니다.

"이봐! 딕. 이봐, 해리! 오, 안됐구나. 딕! 오, 잘 했다. 해리! 해리가 이겼다."

이 소리를 들은 일하던 마을 사람들은 무슨 뜻인지 알 수 없었습니다. 마을 사람들은 모두 어리둥절했습니다.

"저 사람 무슨 소리를 하는 거야?"

"혼자 중얼거리는 걸 가지고 뭘 야단이야."

"그래도 이번 소리는 무슨 뜻이 있는 것 같아."

마을 사람들은 서로 이렇게 지껄이면서 일을 계속했습니다.

다음 날이었습니다.

어제 밭에서 일하다가 외친 소리가 헛소리가 아니란 것을 마을 사람들은 알았습니다.

청년이 외치던 그 시간에 영국의 왕 리처드 3세가 보즈워스 들판에서 전사했습니다. 이 전투에서 이긴 헨리 튜더가 영국의 왕 헨리 7세가 되었습니다.

딕은 리처드의 애칭이고, 해리는 헨리의 애칭이었습니다.

새로 왕이 된 헨리 7세가 이 시골 청년의 이야기를 듣고 한 번 만나 보기로 하였습니다. 족집게 같은 그 예언에 호기심이 일었습니다.

"체서 지방의 로버트 닉슨을 데려 오도록 하라."

헨리 7세는 이렇게 명령을 내리고 특사 한 명을 시골로 보냈습니다.

"이거 야단났네. 어떻게 하면 좋지. 이거 야단났는데."

청년은 고민하기 시작했습니다. 국왕이 자기를 데려 오도록 특사를 파견했다는 걸 미리 알았기 때문입니다.

"국왕이 나를 잡으러 와요. 이미 신하를 보냈어요. 나는 굶어 죽을 거예요."

청년은 불안한 마음을 달래지 못해 마구 뛰어다녔습니다.

국왕이 보낸 사신이 청년의 마을에 닿았습니다.

"나를 잡으러 올 줄 알았어요."

청년은 풀이 죽은 채 말했습니다. 신하는 웃음을 머금고 말했습니다.

"잡으러 온 게 아니라 모시러 온 거란다."

청년은 말없이 신하의 뒤를 따랐습니다.

"너무 겁먹을 필요 없다. 국왕께서는 너를 끔찍이 대우해 줄게다. 너의 족집게 같은 예언에 반하셨으니까. 너는 이제 팔자를 고쳤다."

신하는 청년의 마음을 달래기 위해 길게 말을 했습니다.

청년은 국왕이 있는 궁전으로 들어갔습니다.

"네가 족집게 예언자 로버트 닉슨이니?"

국왕은 웃음으로 반갑게 맞이하였습니다. 청년은 왕 앞에서 몸이 굳은 듯해 보였습니다.

'얼마나 잘 알아맞히는지 한번 시험해 보아야지.'

국왕은 이 청년 예언자를 시험할 방법을 생각했습니다. 국왕은 아주 난처한 표정을 지었습니다.

"이봐, 닉슨! 짐이 값진 다이아몬드를 잃었으니 좀 찾아 줄 수 있겠느냐? 너의 족집게 같은 예언을 듣고 싶다. 만일 찾아 주면 아주 후한 상을 내리겠노라."

국왕의 말에 청년은 한 걸음 앞으로 나아가 말했습니다.

"숨긴 사람이 찾을 수 있사옵니다. 국왕 폐하."

청년은 속담을 빌어 침착하게 말하였습니다.

국왕은 빙그레 웃었습니다.

"정말 족집게 같네. 짐의 마음을 환히 뚫어 보고 있군. 쓸 만한 청년이야."

국왕은 잘 알아맞힌 청년 예언자에게 감동하였습니다. 다이아몬드를 숨긴 사람은 국왕이었기 때문입니다.

"짐이 너의 능력을 시험해 본 거다. 너무 서운하게 생각하지 마라."

국왕은 자리에서 일어나서 신하에게 명령하였습니다.

"예언자 닉슨을 궁 안에 살게 하고 그가 하는 말은 무엇이든지

기록해 두라."

청년은 궁 안에 살면서 여러 가지 예언을 하였습니다.

"영국 안에서 싸움이 일어난다."

"프랑스와 전쟁을 하게 된다."

그의 예언들은 딱 들어맞았습니다.

또 다른 나라 국왕의 사망, 퇴위 등에 관한 예언도 신기하게 족집게처럼 들어맞았습니다.

헨리 7세는 이 청년을 끔찍이도 대우해 주었습니다.

"궁 안의 생활에 불편함이 없느냐? 어디 말해 보렴. 네 소원이면 무엇이든지 들어 주겠다."

국왕은 어느 날 청년 예언자를 불러 말했습니다.

"폐하!"

청년은 머리를 숙이고 말을 멈칫거렸습니다.

"그래, 무슨 소원인가. 어서 말해 보아라."

"폐하! 저는 이 궁 안에서 굶어 죽게 되옵니다."

"뭐라고! 굶어 죽게 된다고."

국왕은 껄껄 웃었습니다.

"폐하! 정말이옵니다."

"이 궁 안에 무엇이 없단 말이냐. 먹고 싶은 대로 무엇이든 다 줄 테니 걱정하지 말라."

국왕은 청년의 말을 믿으려 하지 않았습니다. 굶어 죽는다는 말은 있을 수 없는 일이라고 생각했습니다.

"여봐라!"

국왕은 신하를 불렀습니다.

"이 닉슨이 원하는 음식은 언제든지 주도록 하여라."

국왕의 명령에 따라 청년에게는 푸짐한 음식상이 차려졌습니다.

그러나 국왕의 이 명령 때문에 그는 왕실의 주방에서 미움을 사게 되었습니다.

"바보 같은 놈에게 푸짐한 음식이 뭐람. 폐하보다도 더 잘 먹으니, 우린 뭐야."

"폐하만 없으면 정말 굶겨 죽이겠어. 저 따위 시골 촌놈이 벼락출세하다니."

주방에서 일하는 사람들은 모두들 이 예언자 청년을 시기하였습니다.

그러던 어느 날이었습니다.

국왕이 지방 시찰의 길에 나서게 되었습니다. 국왕은 청년을 데리고 가고 싶었지만 그럴 수가 없었습니다. 시찰 때는 신하들만 데리고 다녀야 했습니다.

"짐이 없는 동안 닉슨을 잘 보살펴 주도록 하라. 조금도 불편함이 없도록 해야 하느니라."

국왕은 왕실 관리에게 명령하였습니다. 그 관리는 청년을 싫어하는 주방의 하인들로부터 보호하기 위해 국왕의 별실에 있도록 하였습니다.

"여기가 너에겐 안전한 곳이야. 폐하가 돌아오시기까지 여기에 있는 거다."

관리는 방을 나가면서 자물쇠를 잠갔습니다.

청년은 자기를 안전하게 보호하기 위해서 자물쇠를 잠근다니 더 할 말이 없었습니다.

관리는 갑자기 급한 볼일이 있어서 궁전을 떠나 시골로 갔습니다. 깜빡 잊고 열쇠를 가지고 갔습니다. 또 청년을 방에서 나오도록 하라는 지시도 내리지 않았습니다.

주방의 하인들도 예언자 청년의 일을 그만 잊었습니다. 하루가 지나고 이틀이 지나고 사흘이 지났습니다.

아직 관리는 돌아오지 않았습니다. 국왕의 별실에 들어 있는 청년은 어떻게 되었을까요?

'그래. 바로 이렇게 굶어 죽는구나!'

청년은 마지막 말을 남기면서 눈을 감았습니다.

관리가 돌아와 보니 이미 청년은 이 세상 사람이 아니었습니다. 돌아온 국왕은 그제야 청년의 예언이 딱 들어맞은 것에 더욱 놀랐습니다.

"역시 위대한 예언자야. 닉슨은."

국왕은 이렇게 혼자 중얼거렸습니다. ★

백두산 천지의 괴물

'백두산 천지에 오리 입을 가진 괴물이 나타났다.'

1980년 10월이었습니다. 중국 기상관측소의 직원 입에서 흘러나온 말이 뉴스로 전 세계에 퍼졌습니다.

세계 사람들은 영국 네스호의 괴물인 네시와 히말라야의 설인(눈사람)인 예티에 관해서는 이미 잘 알고 있었습니다. 그래서 백두산 천지에 괴물이 나타났다는 뉴스는 많은 사람들의 눈길을 끌고도 남았습니다.

그러나 그 괴물의 이야기는 얼마 안 가서 슬그머니 사라지고 말았습니다. 다시는 괴물이 나타나지 않았던 모양입니다.

괴물은 물에 사는 것과 뭍에 사는 것의 두 가지 형태로 나누어진다고 합니다. 가끔 어떤 것은 물이나 뭍에 다 살 수 있는 것이 있으며, 어떤 때에는 무엇인가가 우리 시야에서 날아가 우리를 놀라게 하는 등 믿을 수 없는 그 무엇으로 나타나기도 한답니다.

정말 겨레의 성스러운 산인 백두산 천지에 괴물이 살고 있을까요?

'지린성(길림성)에 괴물 관광 붐'

1994년 5월 18일자 홍콩의 영자 신문인 사우스 차이나 모닝 포스트지는 대문짝만하게 뉴스를 실었습니다.

15년 만에 백두산 천지의 괴물 이야기가 널리 퍼지기 시작한 모양입니다.

'괴물 관광 붐'이라면 괴물을 구경하러 가는 구경꾼이 많다는 뜻이 아닙니까?

괴물 관광은 백두산 천지 관광을 말합니다. 신문은 백두산 천지에서 괴물을 보았다는 목격자들이 늘고 있다고 상세히 보도하였습니다.

백두산 천지는 해발 2,257미터의 높이에 있는 자연 호수입니다. 백두산의 높이는 2,744미터라고 하니 백두산에 꼭대기에 있는 셈이지요. 천지의 지름은 2~4킬로미터이며 둘레는 약 12킬로미터나 됩니다. 호수를 한 바퀴 돌려고 해도 30리나 걸어야 하니

제법 큰 호수라 할 수 있지요. 그뿐 아닙니다. 세계에서 이만큼 높은 곳에 있는 호수는 백두산 천지뿐입니다.

천지의 깊이는 312미터 가량으로 측정되었습니다. 천지의 수온은 아주 낮아(섭씨 10도) 생물이 서식하지 않는 것으로 알려졌습니다.

천지의 물은 북쪽의 중국 땅으로만 흘러 장백 폭포를 이룹니다. 중국에서는 백두산 천지를 용왕담이라고도 하며 달문지라고도 부릅니다.

천지의 호숫가는 일 년 중 270일 가량 심한 안개가 끼고 호수의 반은 중국 땅으로 되어 있답니다.

괴물을 목격한 사람들은 이렇게 말했다 합니다.

"해발 2,257미터 위에 솟은 천지에는 초봄에 이상한 동물이 얼음을 깨고 나타나는데, 잠시 동안 거대한 몸을 뒤틀어 물살을 가르며 사람들을 유혹하곤 쏜살같이 멀리 사라졌다."

현재까지 천지에서 괴물을 봤다는 사람들은 100명이 넘는다고 했습니다.

그러면 어떤 모습의 괴물일까요? 요즈음 목격한 괴물은 오리 입을 가지고 있지는 않은 모양입니다.

괴물을 목격한 사람들은 괴물의 생김새에 대해 모두 다르게 말했습니다.

"분명히 어류는 아니다."

연변 조선족 자치주 정부의 한 관리는 이렇게 말하기도 했답니다.

이래서 중국 지린성에는 과학자, 언론인 등 50여 명으로 '괴물연구협회(천지괴수연구협회)'란 단체를 만들어 백두산 천지의 괴물 연구에 나섰다고 합니다. 그러니 백두산 천지에 괴물이 있기는 있는 모양입니다.

영국의 네스호 괴물도 확실히 있다거나 어떠한 모습이라고 꼬집어 말하지 못하고 있습니다. 괴물을 목격하기란 그리 쉬운 일이 아니기 때문입니다.

물속에 사는 괴물이라면 어류와 닮아야 하는데 어류가 아니라면 뭍에 사는 짐승의 모습일까요?

백두산 천지의 괴물 소동은 요즘에만 있었던 건 아닙니다. 조선 말기부터 계속 백두산 천지에 괴물이 있다는 뜬소문이 돌았습니다.

"뿔이 달리고 긴 목에 머리가 커다란 한 마리의 황금빛 동물이 호수에서 솟아올랐다."

그 때 4명의 사냥꾼이 관가에 신고했었습니다.

"그건 용이 천지에서 하늘로 올라가는 거겠지."

사람들은 이 소리를 듣고 이렇게 말하기도 했습니다. 사냥꾼들이 보았다는 황금빛 동물을 용으로 생각했습니다. 그 때 사람들은 신비한 물(호수나 강)에는 용이 산다고 믿었습니다. 용은 신비의 동물이고 상상의 동물입니다. 물에 살던 용이 어느 시기가 되면 하늘로 올라간다고 믿고 있었습니다. 그래서 한때 천지를 용호 또는 용왕담이라 부르기도 했습니다.

천지의 남쪽 호숫가에는 볼메기라 부르는 비탈이 있습니다. 여기에 풀이 나 있어 여름에는 사슴과 곰이 내려와 물을 마시고 가기도 합니다.

천지 주변에서 볼 수 있는 동물은 고작 곰과 사슴뿐인데, 호수 속에 커다란 괴물도 있다니 참으로 신기할 수밖에 없습니다.

북한에서는 백두산에서 이상한 괴물을 보았다는 증언이 끊이질 않자 조사단을 파견했다고 합니다.

"천지에서 이상한 동물을 발견했으나 그것은 천지 바위에서 곰들이 뛰어내려 수영한 것임."

북한의 조사단은 이렇게 결론을 내렸답니다.

글쎄요? 얼마 동안이나 어떻게 기다렸다가 목격하고 내린 결론인지 궁금하군요.

영국의 네스호 괴물의 정체를 밝히기 위해서는 어떻게 했는지 아세요?

카메라를 500미터 깊이에 설치하여 괴물을 찍으려 했습니다.

또 수중 음파 탐지기를 설치하여 괴물이 내는 소리를 탐지하기도 했습니다. 이렇게 첨단 과학 장비로 괴물의 정체를 알아내려고 하였지만 네스호에 나타나는 괴물의 정체는 아직 확실히 밝혀지지 않고 신비에 싸여 있습니다.

그런데 북한에서는 어떤 장비로 얼마 동안 관찰하고 조사했는지 모르지만 곰이라고 믿기에는 의문이 가기도 합니다.

"천지의 괴물은 수달이다."

중국에서는 마침내 이렇게 결론을 내린 모양입니다. 천지 부근에서 수달의 똥을 발견하고 그렇게 결론을 내린 것 같은데, 그것도 믿기는 어렵겠지요.

한 번 첨단 과학 장비로 천지의 괴물을 조사해 보면 어떨까요?

지금까지 목격한 괴물은 네스호의 네시, 챔플레인호의 챔프, 오카나간호의 오고포고, 토론토 근처 심코호의 이고포고, 매니토바호의 마니포고, 체서피크만의 바다뱀인 제시, 미국 아칸소 주에 있는 화이트 강의 화이터 등입니다.

그러면 만일 백두산 천지에 괴물이 있다면 그 이름은 무엇이라 부르면 좋을까요? ★

물고기 뱃속에서 나온 책

1626년 하지(24절기의 하나로 낮이 가장 긴 날) 전날이었습니다. 영국 케임브리지에 미드라는 사람이 살고 있었습니다.

미드는 시장을 지나다가 생선가게 진열대 앞에서 시끌벅적한 소리를 듣고 발걸음을 멈추었습니다.

'웬 사람들이 저렇게 몰려와 웅성거릴까?'

미드는 고개를 갸웃거리며 사람들이 웅성거리는 생선가게 가까이 갔습니다. 사람들을 헤집고 고개를 들이밀었습니다.

'어! 저게 무얼까?'

미드는 눈이 둥그레졌습니다. 생선가게 여주인은 방금 잡은 커다란 대구의 뱃속에서 나온 책 한 권을 살펴보고 있었습니다.

"물고기 뱃속에 책이 들어 있다니?"

"물고기는 책도 먹는 모양이지. 아직 책을 먹는 물고기는 보지도 못했고, 들어보지도 못했는데."

"그러게 말이야. 꽤나 흥미 있는 일인데."

"이왕 들어 있을 바에야 책보다 진주가 들어 있었으면 주인은 벼락부자가 되었을 텐데. 조금 아쉽군."

사람들은 저마다 한 마디씩 내뱉으며 신기한 듯 대구 뱃속에서 나온 책을 바라봤습니다.

"세상에! 살다 보니 별걸 다 보겠네. 물고기의 뱃속에 책이 들어 있다니."

여주인이 사람들을 보며 웃었습니다.

"먹을 게 아주 없었나 보죠. 책을 삼켰으니……."

"그 물고기는 눈이 멀어서 그래요. 책을 먹이로 생각했으니까요."

생선가게 여주인과 구경꾼들은 말을 주고받으며 웃었습니다.

물고기의 뱃속에서 나온 책은 베 조각에 싸여 있었습니다. 뱃속에서 나왔음에도 진흙이 묻어 있고 책장 모서리가 조금 접혀 있었습니다. 그러나 책을 읽는 데는 아무 지장이 없었습니다.

"주인 아주머니, 그 책은 아무래도 귀한 것 같습니다. 시립박물관 관장님에게 보여 드리는 게 좋을 것 같소."

미드가 여주인을 보고 말했습니다.

"이런 게 뭐가 귀하다고 그래요?"

"누가 알아요. 미드씨 말대로 하세요."

구경꾼들은 여주인을 졸랐습니다.

"그럼, 미드씨가 이 책을 박물관 관장님에게 보여 드리겠어요? 한번 감정해 보세요."

"그렇게 하지요."

미드는 그 책을 받아들고 시립박물관으로 달려갔습니다. 박물관장은 책을 받아 들고 이리저리 살폈습니다.

"이건 100년 전 프리스가 옥스퍼드 교도소에 수감되어 있을 때 쓴 신학 논문입니다. 이건 아주 훌륭한 책입니다."

"그렇게나 값진 책입니까? 관장님."

"그렇습니다. 시 문화재로 보호할 가치가 있소. 아니 어쩌면 국보로도 지정될지 모르지요. 그런데 어떻게 해서 이런 책을 가지게 되었지요?"

미드는 대구 뱃속에서 책이 나온 이야기를 자세히 전해 주었습니다.

"그거 참 신기하군요. 물고기 뱃속에서 나온 책이니 '물고기의 목소리'라고 책의 이름을 붙여야겠소."

박물관장은 미드를 보고 말했습니다. 박물관장은 이 책을 '물고기의 목소리'라 이름 붙이고 책을 펴냈습니다.

'물고기의 목소리'라는 책은 나오자마자 불티나게 팔렸습니다. 사람들은 이 책의 내용보다 물고기 뱃속에서 나온 책이라는 데 더 흥미와 관심을 가졌습니다.

'물고기의 목소리'라는 책이 불티나게 팔리던 어느 날이었습니다. 미드는 궁금한 게 있어서 박물관장을 찾아갔습니다.

"관장님, '물고기의 목소리'를 쓴 프리스라는 사람은 누구입니까?"

"퍽 궁금하지요? 미드 씨. 설명을 해 드리지요."

박물관장은 미드에게 자세히 설명을 했습니다.

프리스는 신학을 연구하는 젊은 학자였습니다. 프리스는 그의 주장이 정통적 교리에 어긋난다는 지적을 받았습니다. 그래도 프리스는 조금도 자기의 주장을 굽히지 않았습니다.

"프리스는 이단자다. 그를 그냥 두면 안 된다. 종교 재판에 부쳐야 한다."

여론은 프리스한테 불리하게 몰려갔습니다.

프리스는 교회에서 이단자로 몰려 종교 재판에 부쳐졌습니다.

종교 재판에서는 피고에게 유리한 변호는 일절 할 수 없었습니다. 억울함을 호소해 봤자 아무 소용이 없었습니다. 이단으로 몰리면 벌을 받게 마련입니다. 재판 결과는 거의 사형이어서 죽임을 당하게 됩니다.

프리스는 화형에 처해지는 판결을 받았습니다. 화형은 불태워 죽이는 형벌입니다.

프리스는 화형을 당할 때까지 생선을 보관했던 창고의 감방에 수감되었습니다.

감방 안에서는 생선 썩은 냄새를 비롯해서 여러 종류의 악취가 코를 찔렀습니다. 대부분의 수감자들은 얼마를 견디지 못하고 여기서 죽고 맙니다. 사형을 시키지 않아도 죄수들은 감방에서 이렇게 죽어 나가곤 했습니다.

프리스는 고통을 참으며 화형의 날을 기다렸습니다. 프리스는 죽는 날까지 신학 논문을 썼습니다.

"내 주장은 절대 이단이 아니야. 먼 훗날 언젠가는 내 주장이 옳다고 할 때가 올 거다."

프리스는 끝까지 자기의 주장이 옳다고 말했습니다.

1533년, 프리스는 마침내 기둥에 묶인 채 화형을 당했습니다.

"관장님, 지금은 사람들이 프리스의 주장을 옳다고 믿습니까?"

"그럼요, 미드 씨."

박물관장이 웃으면서 말했습니다. 미드는 프리스에 대한 이야기를 자세히 듣고 돌아왔습니다.

생선가게 여주인이 책이 나온 물고기를 사온 곳은 케임브리지 북쪽의 킹즐린 항구였다고 합니다.

이 물고기는 어떻게 해서 책을 삼켰으며, 어떻게 해서 100년 동안이나 책을 뱃속에 넣고 살았을까요? 물고기가 책을 뱃속에 넣고 100년 동안이나 죽지 않고 산 것도 신기한 일이 아닐 수 없습니다.

'프리스가 갇혀 있던 생선 창고의 감방에 어떻게 해서 물고기가 들어갔을까?'

'아니지. 어느 사람이 그 후에 생선 창고의 감방을 정리하다가 이 책을 발견하고 바다에 버렸을 거다. 그걸 이 물고기가 삼켰을 것이다.'

미드는 박물관에서 돌아오면서 '물고기의 목소리'라는 책에 대한 의문을 풀 수가 없었습니다. 아무리 생각해도 도저히 풀 수 없는 수수께끼로 남았습니다.

'물고기의 뱃속에서 종이가 어떻게 썩지 않았을까? 물고기의 뱃속은 온통 물기로 꽉 찼을 텐데. 책장이 한 장도 썩지 않았으니 신기한 일이야.'

미드는 자꾸 이런 생각을 곱씹으면서 생선가게로 돌아왔습니다.

"미드 씨! 오늘 시청에서 보상금이 나왔어요. '물고기의 목소리'란 책을 기증한 보상금인가 봐요."

생선가게 여주인은 미드를 반갑게 맞아 주었습니다.

"축하합니다. 아주머니 덕분에 '물고기의 목소리'는 우리의 자랑거리가 되었잖아요. 아주머니의 자랑이기도 하지요."

미드도 환하게 웃었습니다. 이 책에 얽힌 이야기는 오늘도 수수께끼로 싸여 있습니다. ★

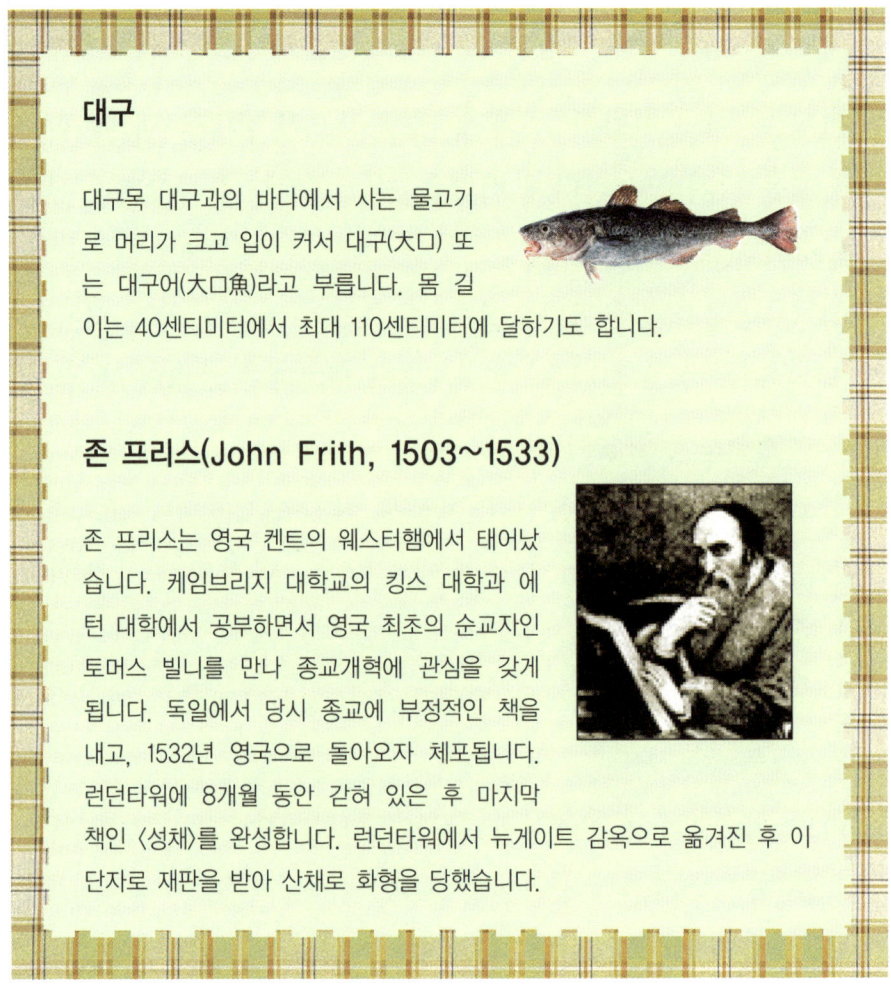

대구

대구목 대구과의 바다에서 사는 물고기로 머리가 크고 입이 커서 대구(大口) 또는 대구어(大口魚)라고 부릅니다. 몸 길이는 40센티미터에서 최대 110센티미터에 달하기도 합니다.

존 프리스(John Frith, 1503~1533)

존 프리스는 영국 켄트의 웨스터햄에서 태어났습니다. 케임브리지 대학교의 킹스 대학과 에턴 대학에서 공부하면서 영국 최초의 순교자인 토머스 빌니를 만나 종교개혁에 관심을 갖게 됩니다. 독일에서 당시 종교에 부정적인 책을 내고, 1532년 영국으로 돌아오자 체포됩니다. 런던타워에 8개월 동안 갇혀 있은 후 마지막 책인 〈성채〉를 완성합니다. 런던타워에서 뉴게이트 감옥으로 옮겨진 후 이단자로 재판을 받아 산채로 화형을 당했습니다.

펄펄 끓는 용암 위를 걸은 사람

용암은 화산이 폭발할 때 솟아 나오는 마그마로 돌이 녹은 상태입니다. 그것은 쇳물이 벌겋게 녹아 흐르는 것 같습니다. 용암의 온도는 보통 섭씨 900도에서 1200도나 된다고 합니다. 그래서 용암 근처에만 가도 구워지거나 타 죽습니다.

그런데 이런 용암 위를 걸어간 사람이 있다니 참으로 놀라운 일이지요.

호놀룰루의 민속 박물관장 브릭햄 박사가 바로 그 사람입니다. 시뻘건 용암 위를 걸은 서양인은 그 한 사람밖에 없었습니다. 그는 1880년대에 카후나라고 부르는 하와이 부족의 무당 3명의 안

내를 받아 용암 위를 걸었습니다.

　브릭햄 박사는 정오에 하늘이 화산 연기로 뒤덮인 산 위쪽으로 올라갔습니다.

　유황 타는 냄새가 점점 더 강렬하게 코를 찔렀습니다. 오후 3시쯤에야 용암이 흘러내리는 곳에 이르렀습니다.

　수목 한계선 위쪽의 산 옆구리에서 터진 여러 개의 분화구에서 용암이 솟아 나오고 있었습니다.

　용암은 60미터나 하늘로 치솟아 올랐다가 떨어졌습니다. 거대한 용암의 바다를 이루면서 산 아래로 흘러내리고 있었습니다.

　'굉장하군.'

　브릭햄 박사는 흘러내리는 시뻘건 용암을 보면서 중얼거렸습니다.

　해가 질 무렵 박사는 용암의 흐름을 따라가면서 용암 위를 안전하게 걸을 수 있는 장소를 고르기 시작했습니다. 마땅한 곳이 없었습니다.

　용암 위를 걷자면 용암의 흐름이 막히면서 일정한 양이 천천히 흘러내리는 곳이 필요했습니다.

　박사 일행은 그 날 밤 야영을 하고 다음 날 아침 다시 마땅한 곳을 찾아 나섰습니다.

　몇 시간을 찾아다니다 마침내 마땅한 곳을 찾아냈습니다.

그곳에서 용암은 폭 800미터의 비교적 평평한 지대를 가로질러 흐르고 있었습니다. 용암과 함께 굴러 온 돌과 그 밖의 덩어리들이 쌓여 용암의 흐름을 막고 있었습니다. 용암은 뒷걸음을 치면서 넓은 지역에 퍼져 넓은 용암 웅덩이를 만들고 있었습니다.

그러다가 용암을 가로막고 있던 장애물이 밀려 떨어지면 고였던 용암은 다시 흐르고 그 자리엔 용암이 지나간 평평한 표면이 남게 됩니다. 나중에 이 자리가 굳어지면 그 위는 걷기에 적당한 장소가 됩니다.

용암이 굳었다고 해서 바로 식는 건 아닙니다. 시뻘겋던 표면은 검은색으로 굳었지만 뜨거운 열기는 아주 대단합니다.

카후나들은 티나무(야자나무의 한 종류) 잎을 가져 왔습니다.

티나무는 폴리네시아 지방에서 자라는 나무로 그 잎은 사람들이 불 위를 걸을 때 이용되고 있는 나무입니다. 티나무 잎은 길이가 30~60센티미터이고 폭은 아주 좁으며 가장자리가 톱니 모양을 하고 있습니다.

브릭햄 박사는 용암 표면에 돌을 던져 보았습니다. 사람의 체중을 견딜 수 있을 만큼 굳어져 있었습니다. 그리고는 용암이 깔린 곳으로 내려갔습니다. 용암 바닥은 빵 굽는 가마보다 더 뜨거웠습니다. 용암 표면은 검은색을 띠고 있었습니다.

대장장이가 달군 쇠를 담금질하기 전에 나타나는 현상처럼 용암 표면은 열에 의해 색이 검게 변해 가고 있었습니다.

'맙소사, 저 지옥의 불 위를 반대편 끝까지 줄달음쳐 간다니.'

생각만 해도 으스스한 일이 아닐 수 없었습니다.

브릭햄 박사는 티나무 잎을 장화에 동여맸고, 카후나들은 맨발에 동여맸습니다. 용암이 내뿜는 열에 몸이 구워질 것 같았습니다. 카후나들은 빙긋이 웃으며 노래를 합창하기 시작했습니다.

카후나들의 노래는 하와이 원주민의 말로 되어 있었습니다. 합창이 끝나고, 카후나 한 사람이 티나무 잎 한 다발을 들어 번쩍이는 용암 표면을 때렸습니다.

"박사님, 맨 먼저 건너가는 영광을 드리겠습니다."

티나무 잎 다발로 용암 표면을 때린 카후나가 이렇게 말했습니다.

"나이 순서대로 건너갑시다."

브릭햄 박사가 주저하면서 말했습니다.

"그렇게 합시다."

카후나들은 브릭햄 박사의 주저하는 마음을 읽었는지 고개를 끄덕였습니다.

제일 먼저 나이가 많은 카후나가, 그 다음이 브릭햄 박사, 다음으로 다른 카후나 두 사람이 건너가도록 의견의 일치를 보았습니다.

나이가 많은 카후나가 조금도 주저하지 않고 뜨거운 용암 위로 발을 내딛었습니다.

브릭햄 박사는 입을 벌린 채 용암 위를 걸어가는 카후나를 바라보았습니다. 나이 많은 카후나가 450미터나 되는 용암 벌판을 다 건너갈 즈음이었습니다. 카후나 한 사람이 등 뒤에서 브릭햄 박사를 밀쳤습니다.

브릭햄 박사는 엉겁결에 용암 위로 달려갔습니다.

뜨거운 열기는 대단했습니다. 숨이 멎고 심장이 멎는 것 같았습니다. 브릭햄 박사는 자기도 모르게 젊은이가 된 듯 쏜살같이 달려갔습니다. 마치 100미터를 달리는 육상 선수 같았습니다. 뛰는 게 아니라 날아간다고 보아야 옳았습니다.

몇 발짝 뛰어가자 장화 밑바닥이 타기 시작했습니다.

그러나 브릭햄 박사는 그것도 몰랐습니다. 장화 밑창이 불에 타면서 쭈그러들기 시작했습니다. 그렇게 되자 발이 죄어 왔습니다. 밑창 꿰맨 자리가 풀어져 한 쪽 장화 밑창은 떨어져 나가고, 또 다른 쪽 장화 밑창은 뒤쪽에 걸린 채 뒤에서 펄럭거렸습니다.

브릭햄 박사는 이 펄럭거리는 밑창 때문에 더욱 빨리 달리지 못했습니다. 여러 번 비틀거렸고, 뛰는 속도도 줄었습니다.

마침내 용암 벌판을 무사히 건너 안전지대까지 닿았습니다.

브릭햄 박사는 발을 내려다보았습니다. 불에 타 쭈그러진 장화

윗거죽 가장자리에서 밖으로 드러난 양말이 타고 있었습니다. 솜 양말에서 연기가 모락모락 피어오르는 걸 두들겨 껐습니다.

카후나들은 브릭햄 박사의 그런 모습을 보고 깔깔 웃었습니다. 브릭햄 박사도 따라 웃었습니다.

브릭햄 박사는 무사히 용암을 건너 왔다는 생각에 다시 마음을 놓았습니다.

브릭햄 박사는 자기의 온몸을 샅샅이 살폈습니다. 발은 아무 이상이 없었습니다. 옷도, 몸도 아무 이상이 없었습니다.

"내가 겪은 일에 대해서 더 이상 할 얘기가 별로 없습니다. 얼굴과 몸에 강한 뜨거움을 느꼈지만 발은 거의 뜨거움을 느끼지 못했습니다. 손으로 발을 만져 보니 발바닥은 뜨거웠습니다. 그러나 손에만 뜨거움이 느껴졌지 발은 그런 뜨거움을 느낄 수 없었습니다. 카후나들도 전혀 화상을 입지 않았습니다. 그러나 카후나들이 발에 동여맸던 티나무 잎들은 벌써 타 버리고 없었습니다."

브릭햄 박사는 그 때의 소감을 이렇게 말했습니다.

브릭햄 박사는 세 사람의 카후나와 함께 산을 내려왔습니다.

"내가 해안으로 되돌아간 길은 악몽과 같았습니다. 산에서 나무를 잘라 얼기설기 엮은 샌들을 신고 산을 내려온 일은 용암 위를 걸은 것보다 더 어려웠습니다. 오히려 산을 내려온 기억이 더 강하게 남아 있습니다."

브릭햄 박사는 용암 위를 어떻게 걸었는지 잘 기억 할 수 없다고 하였습니다.

　살아 있는 채로 타 죽을 것만 같은 용암 위를 무사히 걸었다는 건 참으로 신비한 일이 아닐 수 없습니다. 어쩌면 티나무 잎의 영향은 아니었을까요? ★

윌리엄 터프츠 브릭햄의 보고서

윌리엄 터프츠 브릭햄(William Tufts Brigham, 1841-1926)은 하와이 비숍 박물관 관장으로 있으면서 하와이의 민속 신앙에 관한 많은 연구를 했습니다. 특히 브릭햄의 하와이 원주민 주술사 즉 카후나에 관한 연구에 대해서는 타의 추종을 불허했습니다.

브릭햄의 보고서 가운데 부러진 뼈를 카후나가 즉석에서 회복시킨 사건을 기록한 것이 있습니다. 그 사건은 브릭햄의 친구인 콤즈가 목격했는데, 한 사람이 해변 모래사장에서 넘어지면서 다리뼈가 살가죽을 뚫고 삐져나올 정도로 심하게 다쳤다고 합니다. 카후나인 할머니가 상처 부위를 손으로 누르면서 몇 분 동안 기도와 명상을 하고 나서 일어서며 치료가 끝났다고 말하자 놀랍게도 그 사람은 제 발로 일어서 걷더니 언제 다쳤냐는 듯 멀쩡해져 있었다고 합니다.

무덤에서 보내 온 선물

1940년 4월 10일이었습니다.

"내가 무덤에서 보낸 선물을 봤어요? 그림 뒤쪽을 봐요."

사라 올굿이 새로 이사 온 집에서 꿈을 꾸었습니다.

'그것 참 이상하다. 무덤에서 보낸 선물이라니?'

사라 올굿은 고개를 갸웃거리며 침대에서 일어났습니다. 옷을 갈아입고 거실로 나왔습니다. 불을 켜고 소파에 앉아 패트릭 캠벨 부인을 머리에 떠올렸습니다.

꿈속에 나타난 캠벨 부인의 얼굴은 창백했습니다.

'캠벨 부인은 완전히 병이 나아 퇴원했는데. 얼굴빛도 발그레한

복숭앗빛 같았는데? 그럴 리가 없어. 꿈은 다 허상이니까.'

올굿은 애써 꿈속의 일을 머릿속에서 지우려고 했습니다. 그럴 때마다 꿈속의 캠벨 부인의 모습이 자꾸 떠올랐습니다.

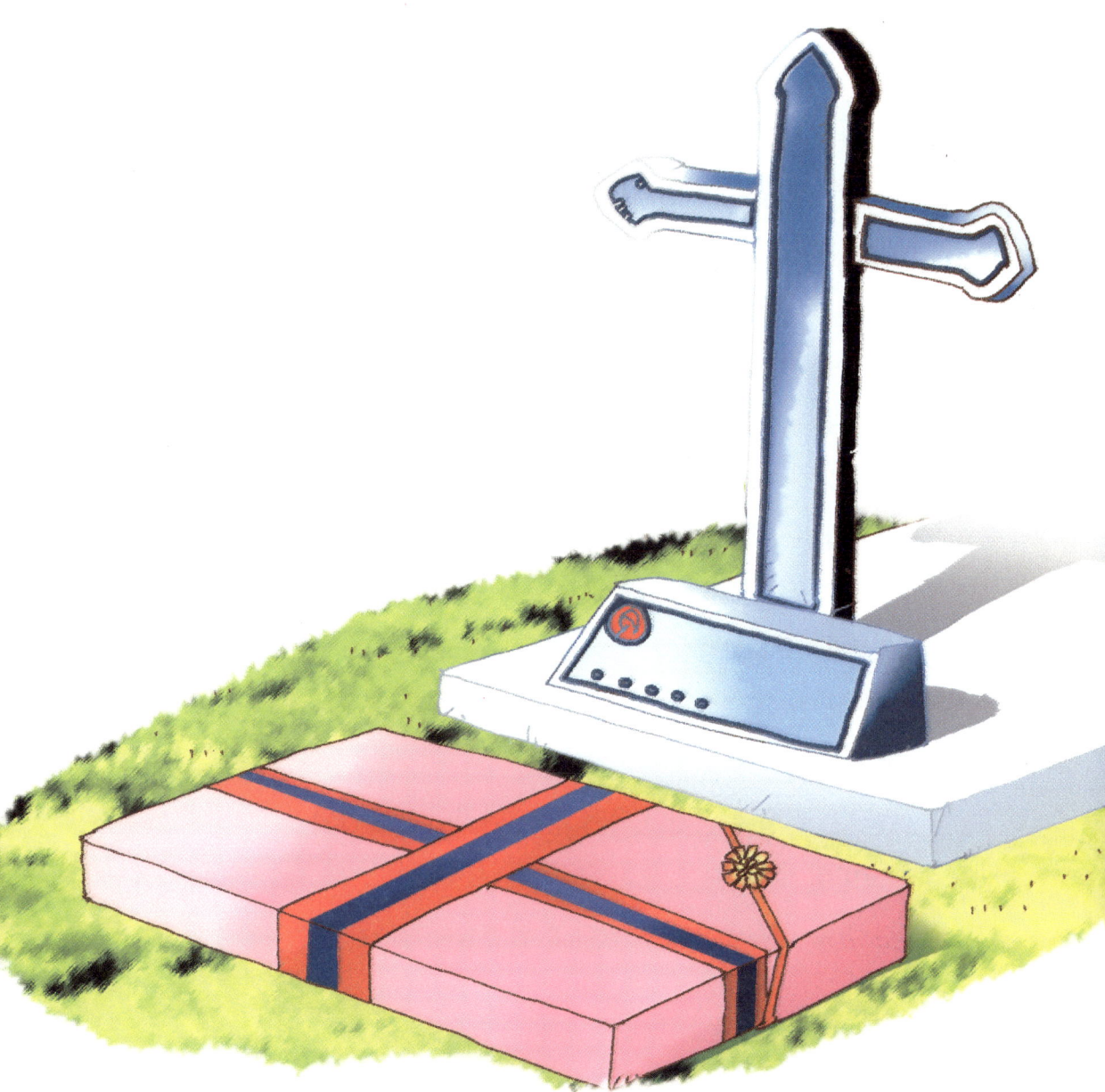

사라 올굿은 젊은 여배우였습니다. 패트릭 캠벨은 극작가 버나드 쇼의 '피그말리온'의 엘리자 두리틀 역을 맡으면서 명성을 날렸습니다. 미모 또한 뛰어났지만 지금은 나이가 들어 옛날의 명성은 시들해졌습니다.

캠벨 부인이 병을 얻어 병원에 입원하였습니다.

"언니, 어디가 아파 입원하였어요?"

올굿은 캠벨 부인이 입원했다는 소식을 듣고 병원으로 급히 달려왔습니다.

"배가 조금 아픈 것 같아."

캠벨 부인은 별 표정 없이 말했습니다. 올굿은 걱정이 되었습니다. 의사 선생님에게로 달려가 물었습니다.

"아, 캠벨 부인 말이군요. 위염이에요. 그냥 있으면 위궤양으로 발전할 수 있지요. 다행히 입원해서 치료를 받게 되었으니 안심해도 돼요. 한 10일 입원해 치료하면 완치될 수 있어요."

올굿은 의사 선생님의 말에 마음이 놓였습니다.

"언니! 한 10일만 여기서 치료하면 낫는데요. 걱정 안 해도 돼요."

올굿은 캠벨 부인의 손목을 잡고 나직이 말했습니다.

"고마워, 올굿."

캠벨 부인도 웃으며 고맙다고 말했습니다. 올굿은 그날부터 캠벨 부인의 병실에서 밤낮으로 간호했습니다.

올굿은 캠벨 부인이 심심해한다고 느껴지면 여러 가지 이야기를 했습니다.

"언니, 버나드 쇼의 피그말리온이 생각나요?"

캠벨 부인은 웃으면서 머리를 끄덕이곤 했습니다.

"언니, 언니는 그 때 참으로 예뻤어요. 당시 중학생이었던 제가 봐도 천사 같았어요."

"아니야. 지금의 올굿보다는 미인이 못 되지."

캠벨 부인은 엘리자 두리틀 역을 맡은 걸 기억했습니다. 그 연기로 일약 톱스타로 뛰어올랐습니다. 그 화려했던 지난날이 그립게 떠오르는 모양이었습니다.

"언니, 그 때 저도 언니 같은 배우가 되어야지 하고 마음먹었어요."

"이렇게 훌륭한 배우가 되었잖아. 인기가 내 젊었을 때보다 더 높아. 어딜 가나 환영의 손길이 기다리고."

"언니가 저를 배우로 만들어 준 것 같아요."

"내가 어떻게 그런 일을 하겠어? 그건 어디까지나 올굿의 훌륭한 재능과 집념의 결과지."

캠벨 부인은 올굿의 말이 싫지가 않았습니다. 기분이 퍽 좋았습니다.

캠벨 부인은 의사의 말대로 10일 만에 완치되어 퇴원을 하였습니다.

"마음을 즐겁게 가지세요. 그러면 다시는 재발되지 않을 거예요."

"의사 선생님. 감사합니다."

캠벨 부인은 의사 선생님께 퇴원 인사를 한 후 병원 문을 나섰습니다. 그리고 웃으면서 정성스럽게 포장된 선물 하나를 올굿에게 건넸습니다.

"언니, 이거 뭐예요?"

"나를 보살펴 준 데 대한 선물이야. 너무 보잘 것 없어. 왜가리를 그린 수채화 한 폭이야. 자, 사양 말고 받으면 고맙겠어."

"언니, 고마워요."

올굿은 그 선물을 기꺼이 받고 집으로 돌아왔습니다.

'어디에다 걸어 놓으면 좋을까?'

올굿은 여기저기를 살피다가 침대 머리맡에 걸어 놓았습니다.

올굿은 침실로 돌아가 왜가리 그림을 쳐다봤습니다.

'꿈에서 그림 뒤쪽을 보라고 했지. 그림 뒤쪽을 한번 보자.'

올굿은 왜가리 그림의 뒤쪽을 살폈습니다.

'아니! 이건 마르크스 비어봄 경이 그린 그 유명한 풍자화가 아

닌가!'

그 그림에는 마르크스 비어봄 경의 사인이 있었습니다.

올굿은 소스라치게 놀랐습니다. 왜가리 그림 뒤쪽의 풍자화를 보고 눈이 휘둥그레졌습니다. 그 그림은 2천 달러의 가치를 가진 유명한 그림이었습니다.

그림의 뒤쪽은 흰 바탕 그대로인 것이 보통입니다.

캠벨 부인이 파리로 돌아갔기 때문에 올굿은 당장 확인할 수도 없었습니다. 생각 같아서는 단번에 달려가고 싶었습니다.

"언니! 괜찮지요?"

올굿은 왜가리 그림을 바라보며 혼자 이렇게 물었습니다. 그림 속의 왜가리가 대신 '꿱꿱' 하고 대답하는 듯했습니다.

미국의 할리우드에서 프랑스까지는 너무도 먼 거리였습니다.

올굿은 궁금해서 캠벨 부인에게 편지를 썼습니다.

"언니, 보고 싶어요. 꿈속에서 언니가 나타났어요. 뭐라고 한지 알아요? '내가 무덤에서 보낸 선물을 봤어요? 그림 뒤쪽을 봐요'라고 했어요. 그림 뒤쪽엔 마르크스 비어봄 경의 그림이 있었어요. 그 그림의 뜻이 무언지 저는 알 수 없어요. 언니, 건강하시죠? 이 편지 받거든 빨리 답장 주세요."

편지를 보낸 올굿은 영화 촬영으로 눈 코 뜰 새 없이 바빴습니다. 캠벨 부인의 일도 까맣게 잊고 지냈습니다.

한 달이 지났을까말까 할 때 올굿 앞으로 한 통의 편지가 날아왔습니다.

"패트릭 캠벨 부인은 4월 10일, 원인 모르게 사망하였음을 알려 드립니다."

캠벨 부인의 이웃집에서 온 답장이었습니다.

그렇다면 올굿이 꿈을 꾼 그 날이 아닌가?

왜가리 그림과 그림 뒷면의 마르크스 비어봄 경의 풍자화는 패트릭 캠벨 부인의 죽음과 어떤 관계가 있었을까?

무덤에서 보내 온 선물은 마르크스 비어봄 경의 풍자화일까? 아니면 하얀 왜가리일까?

그건 아무도 모르는 일로 영원히 남게 되었습니다. ★

서북으로 뱃머리를 돌려라

1928년이었습니다.

영국의 리버풀 항을 떠나는 한 영국 배가 있었습니다. 이 배는 서쪽의 노바스코샤를 향해 가는 길이었습니다.

이 배는 북대서양의 얼음처럼 찬 물을 헤치면서 나아갔습니다.

"이번 항해는 아주 순조롭겠군."

선장은 망원경으로 먼 바다를 바라보면서 이렇게 중얼거렸습니다. 바다는 너무도 고요했습니다. 선장은 기분이 매우 좋았습니다.

목적지를 향해 가던 어느 날이었습니다. 선장은 갑판 위에 올라

먼 바다를 바라보면서 시계의 날짜를 보았습니다.
"벌써 일주일이나 되었군."
선장은 손가락을 꼽아 보면서 날짜가 퍽 빨리 간다고 여겼습니다. 일등 항해사의 선실로 내려갔습니다.
"선장님!"
"왜 그러나?"
"웬 사람이 칠판에다 글씨를 쓰는데요?"
"별 싱거운 소리를 다 하는군."
"아닙니다, 선장님. 틀림없이 낯선 사람입니다."
"자네 이렇게 된 건 아닌가?"
선장은 일등 항해사인 로버트 브루스를 보고 손가락을 뱅글뱅글 돌렸습니다. 정신이 돈 게 아니냐는 뜻이었습니다.
"선장님! 저는 아무렇지도 않아요. 정신이 말짱하단 말입니다. 보십시오. 낯선 사람이 칠판에다 글씨를 쓰고 있어요."
일등 항해사는 자꾸 지껄였습니다. 틀림없이 일등 항해사의 눈에는 낯선 사람의 모습이 보였기 때문입니다. 그러나 선장의 눈엔 그것이 보이지 않았습니다.

일등 항해사는 낯선 사람이 선실에 나타나 칠판에다 글씨를 쓰고 있는 것에 놀라지 않을 수 없었습니다.

"선장님!"

"브루스 군! 정말 정신이 돈 모양이군. 왜 쓸데없이 중얼대는 거야. 배나 정신 차려 몰아."

선장은 퉁명스럽게 말했습니다.

"선장님! 제가 왜 쓸데없이 중얼대겠습니까?"

선장은 짜증스럽게 생각하고 얼굴을 찡그렸습니다.

"선장님! 저 칠판의 글씨를 보십시오."

"칠판에 무엇이 쓰여 있다고 그래. 내 눈엔 아무것도 보이지 않아."

"아닙니다. 보십시오. '서북으로 뱃머리를 돌려라' 이렇게 적혀 있습니다."

참으로 딱한 일입니다. 선장의 눈엔 안 보이고 일등 항해사의 눈엔 보이니 귀신이 울 노릇이었습니다.

"쓸데없는 소리 그만 해. 자네의 농담을 받을 만큼 나도 한가하지 않아. 또다시 그런 쓸데없는 소리하면 업무 소홀이라는 죄목으로 벌을 줄 테다."

선장은 퉁명스럽게 한 마디 내뱉고 선장실로 올라갔습니다.

"그게 아닌데."

일등 항해사는 고개를 갸웃거렸습니다. 다시 칠판 쪽을 바라봤습니다.

'어!'

일등 항해사는 다시 한 번 놀랐습니다. 칠판에다 글씨를 쓰던 사람이 바람처럼 사라졌기 때문입니다.

"그것 참 희한한 일이다. 어떻게 이런 일이 있을 수 있을까?"

일등 항해사는 너무 신기하면서도 어이가 없어 그 자리에 우두커니 서 있었습니다.

일등 항해사는 한참 후에 선원들을 전부 선실로 불러 모았습니다.

"항해사님, 무슨 좋은 일이라도 생겼습니까? 갑자기 모이게 하시니."

선원들은 서로 한 마디씩 하면서 모여들었습니다.

"이 종이에다 글씨를 쓰도록 하여라."

일등 항해사가 종이를 주면서 선원들에게 말했습니다.

"무슨 글씨를 쓰라는 겁니까?"

"저 칠판에 쓰여 있는 글씨를 쓰란 말이야."

"항해사님도 곧잘 농담을 잘하시네요. 칠판의 어디에 글씨가 있다는 겁니까? 눈 닦고 봐도 글씨라곤 보이지 않는데요."

선원들은 눈을 둥그렇게 뜨며 모두들 한 마디씩 말했습니다.
"'서북으로 뱃머리를 돌려라' 이런 글씨가 안 보여? 이 멍청한 것들아."
일등 항해사는 다시 소리쳤습니다.

"우리 일등 항해사의 머리가 돌았나 보다. 멀쩡한 칠판에 글씨가 쓰여 있다니. '서북으로 뱃머리를 돌려라!' 이건 영화 제목 같은데."

선원들은 이렇게 수군거렸습니다.

"정말 '서북으로 뱃머리를 돌려라' 라는 글씨가 안보인단 말이지?"

일등 항해사는 조금 화가 났습니다. 칠판의 글씨가 자기 눈에만 보이고 남의 눈엔 보이지 않으니 답답하기도 하고 화도 났습니다.

"정말 안 보입니다."

선원들은 일제히 대답했습니다.

"그러면 내가 부르는 대로 종이에다 받아 써."

웅성거리던 선원들이 입을 다물었습니다. 선실은 쥐 죽은 듯이 조용했습니다.

"'서북으로 뱃머리를 돌려라' 이렇게 써."

선원들은 일등 항해사가 부르는 대로 종이에다 글씨를 썼습니다.

"글씨를 다 쓴 사람은 여기에다 갖다 놓고 자기 일하는 곳으로 가도록."

선원들은 글씨를 쓴 종이를 일등 항해사 앞에 내고 선실을 나갔습니다.

일등 항해사는 선원들이 쓴 글씨 하나하나를 칠판 글씨와 비교해 보았습니다.

'정말 이상한 일이야. 선원들의 글씨와 같지 않아.'

일등 항해사는 선장실로 찾아갔습니다.

"선장님! 제 말을 믿어 주십시오. 뱃머리를 서북으로 돌려야겠습니다."

선장은 일등 항해사의 진지한 모습에 조금 전까지 가졌던 생각이 바뀌기 시작했습니다.

"정말 낯선 사람이 쓴 글씨를 믿어야겠단 말인가?"

"정말입니다. 한 번 믿어 주십시오."

"그럼 뱃머리를 서북으로 돌려."

선장은 마침내 허락을 하였습니다. 일등 항해사는 뱃머리를 서북 방향으로 돌리도록 명령을 했습니다.

배는 마침내 서북으로 향하여 나아가고 있었습니다.

몇 시간이 지난 지도 모릅니다. 꽤 시간이 흘렀습니다.

"어! 얼음에 꽉 박혀 있는 배가 보이는데."

선장의 망원경에 비친 배는 조난당해 있었습니다.

"저 배 안의 승객을 구출하라."

선장의 명령에 선원들은 그 배로 가서 승객을 구출해 냈습니다.

모두들 배에 옮겼습니다.

"어!"

일등 항해사가 다시 놀랐습니다. 승객 가운데 선실의 칠판에다 '서북으로 뱃머리를 돌려라'라고 쓴 낯선 사람의 얼굴이 보였습니다. 일등 항해사는 그 사람에게 그 글씨를 써 보게 했습니다.

'그것 참 신기한 일이구나!'

일등 항해사는 너무도 신기한 일에 또 한 번 놀랐습니다. 글씨가 아주 똑같았습니다.

"내가 잠에서 깨어났을 때 구조될 것이라 굳게 믿었지요."

조난당한 배의 선장은 일등 항해사의 이야기를 듣고 이렇게 말했습니다. 낯선 사람이 다른 배에 나타났을 시각엔 자기가 잠들어 있었다고 했습니다. 참으로 신기한 일이 아닐 수 없습니다. 어찌 되었든 조난당한 배가 구조된 내력은 아직도 신비에 싸여 있습니다. ★

바위 속에 갇힌 두꺼비

　바위에서 화석이 발견되었다는 이야기는 들었지만 살아 있는 두꺼비가 바윗속에 갇혀 있었다면 거짓말이라 하겠지요. 바위틈이라면 몰라도 단단한 바윗속이라니 믿어지지 않는 일의 하나입니다.

　1865년 영국 더럼 주의 하틀풀이란 곳에서 깜짝 놀랄 일이 일어났습니다. 그 곳에서 상수도 공사를 할 때였습니다. 인부들이 지하 7미터 깊이에서 마그네슘이 포함된 석회석을 깨고 있었습니다.

　"웬 두꺼비가 석회석에 끼여 있어, 신기한데!"

인부들은 눈이 둥그레지며 소리쳤습니다. 두꺼비가 끼여 있는 구멍은 두꺼비의 몸체보다 크지 않았습니다.

"두꺼비가 살아 있다. 이 눈을 봐, 유난히 반짝거리잖아."

인부들은 석회석에 끼여 있는 두꺼비를 바라보며 탄성을 질렀습니다.

두꺼비는 생기가 감돌았습니다. 앞발은 안으로 굽어 있으며, 뒷다리는 매우 길어 지금의 영국 두꺼비와는 다르게 생겼습니다..

이 두꺼비가 석회석을 깨고 공기에 노출되었을 때는 피부색이 창백하여 바위와 구별하기 힘들었습니다. 그러나 얼마 후 색이 짙어지기 시작하더니 아름다운 황갈색을 띠었습니다. 이 두꺼비는 영국의 박물학회 회장 호너가 소유하게 되었습니다.

지질학자인 로버트 테일러 목사는 이 두꺼비의 나이가 6,000살이나 되었을 거라고 말했습니다. 물론 이 곳의 석회석 연대를 조사하여 측정한 결과겠지요.

이보다 먼저인 1852년 영국 더버주 패스웍에서 광산 바위의 구멍 속에서 두꺼비를 발견한 적이 있었습니다. 광부들은 365미터 지하에서 커다란 바위를 깼습니다. 깬 바윗속에서 두꺼비가 나왔다니 놀라지 않을 수 없는 일이지요. 그것도 살아 있는 두꺼비가 말입니다.

이 두꺼비가 들어 있던 구멍은 지름이 15센티미터에 이르러 두꺼비보다 컸습니다. 두꺼비가 들어 있던 구멍 벽은 수정 같은 탄산석회의 결정체들로 덮여 있었습니다. 이 두꺼비는 바위가 깨져 몸이 밖으로 노출되자 곧바로 죽었다고 합니다.

1835년 런던에서도 비슷한 발견이 있었습니다. 버밍햄 철도 부설 공사를 하던 때였습니다. 인부들이 약 1.4미터 깊이에 묻힌 붉은색 사암 덩어리들을 만나 쇠지레와 폭약을 사용하여 정지 작업(땅을 고르게 다지는 일)을 하고 있었습니다. 사암 덩어리 한 개를 들어 올려 짐차에 얹으려고 던졌습니다. 그러나 그 사암 덩어리는 땅에 떨어져 깨지고 말았습니다.

"어! 이게 웬 두꺼비냐? 두꺼비가 바윗속에 있다니!"

인부들은 모두 눈이 휘둥그레졌습니다.

"두꺼비가 살아 있다. 어떻게 이 속에서 살아 있었을까?"

모두 어리둥절한 표정들이었습니다.

이 두꺼비는 연한 갈색이었습니다. 그러나 10분쯤 후에는 아주 검은색으로 변했습니다. 몸은 다른 두꺼비들보다도 작고 포동포동하였습니다. 그러나 짓눌린 것처럼 보였습니다. 머리에 상처를 입었는지 가끔 헐떡거렸습니다.

"안 되겠다. 어쩌면 이 두꺼비가 죽을지도 모른다. 구멍 속에 다시 넣어 주자."

인부들은 두꺼비를 다시 바위 구멍 속에 넣고 틈새를 흙으로 막았습니다. 그러나 이 두꺼비는 나흘 만에 죽고 말았습니다.

영국에서 클라크라는 사람이 벽난로에 불을 피워 놓은 지 한 시간 후에 불을 쑤시려고 다가갔습니다. 석탄 한 덩어리를 부수었습니다.

"어! 이게 무언가? 움직이고 있네."

클라크는 움직이는 물체를 바라보며 중얼거렸습니다.

클라크는 얼른 그것을 벽난로 밖으로 낚아챘습니다. 벽난로 밖으로 떨어져 나온 물체는 바로 살아 있는 두꺼비였습니다. 이 두꺼비는 입이 없고 거의 투명했습니다. 그러나 이 두꺼비는 5주 동안 살다가 죽었습니다.

런던의 입체 사진 회사에서는 이 놀라운 두꺼비의 사진들을 일반인들에게 팔기도 했습니다.

16세기 말 프랑스 앙리 3세의 외과 의사인 앙브르와즈파레는 자기 집 근처에서 인부들이 쪼갠 커다란 돌에서 힘이 팔팔한 두꺼비 한 마리가 튀어나오는 것을 목격했다고 합니다.

1861년 프랑스의 블르와에서 한 인부가 무게 6.35킬로그램의 돌 덩어리를 곡괭이로 깨뜨렸습니다. 그러자 그 속에서 깜짝 놀란 두꺼비 한 마리가 튀어나왔습니다.

이 두꺼비는 짐작할 수도 없는 오랜 세월 만에 처음으로 바깥 공기 냄새를 맡고는 구멍에서 나오자마자 재빨리 기어서 도망갔습니다. 인부는 도망가는 두꺼비를 붙잡았습니다.

"이런 신기한 두꺼비를 어떻게 하면 좋지?"

옆에 있던 인부에게 물었습니다.

"과학원에 보내지. 이건 예사 두꺼비가 아니야. 두꺼비나 개구리가 진흙 속에서 여러 달 동안 겨울잠을 자지만, 바윗속에서 오랫동안 버틸 수 있다는 게 신기한 일 아니야?"

"맞아, 정말 신기한 일이야."

인부들은 그 두꺼비를 다시 부싯돌 속에 집어넣어 과학원에 연구 자료로 보냈습니다. 과학원에 도착한 이 두꺼비는 부싯돌 속에 갇힌 채 지하실에 보관되었습니다. 두꺼비는 어둠 속에서는 부싯돌 뚜껑을 열어 놓아도 가만히 있었습니다. 그런데 밝으면 기어 나와 도망가려고 했습니다.

또 부싯돌 가장자리에 올려놓으면 스스로 구멍 속으로 기어들어갔습니다. 구멍 속으로 들어갈 때는 네 다리를 모아서 몸에 붙였습니다. 부싯돌에서 나올 때는 약간 상한 한쪽 발을 다치지 않도록 조심하는 듯했습니다.

부싯돌 구멍은 마치 장갑을 낀 것처럼 그의 몸에 꼭 맞았습니다. 다만 등쪽에만 약간의 여유가 있었습니다. 그리고 입은 조그만 돌출부에 올려놓고 있었기 때문에 턱뼈에 자국이 나 있었습니다.

이런 두꺼비가 발견된 암석들은 단단해 보이기는 하지만 사실은 틈이 나 있어 물이나 공기, 심지어 영양분까지 스며들 수 있다고 과학자들은 말합니다. 그러나 불가사의한 것은 사실입니다.

일반적으로 이런 걸 연옥의 인연이라고들 합니다. 연옥이라는 곳은 천국과 지옥 사이에 있다고 합니다. 이 연옥은 죄를 지은 사람의 영혼이 천국에 들어가기 전에 불에 의한 고통을 받음으로써 그 죄가 씻기는 곳이라고 합니다.

19세기 후반 티베트의 라마교의 린포체라는 스님이 수행원들을 데리고 라사로 여행하고 있었습니다. 일행은 바위가 엄청나게 솟은 곳에 이르렀습니다. 스님은 이 커다란 바위를 깨야겠다고 했습니다. 그러나 수행원들에게 연장이라고는 없었습니다. 스님은 지팡이를 들었습니다.

"모두들 이 바위에서 멀리 물러서라."

수행원들은 스님의 말에 바위에서부터 물러섰습니다. 스님은 지팡이를 들어 바위를 내리쳤습니다. 바위가 산산조각이 났습니다.

바윗속에서 이상한 두꺼비 모양의 징그럽게 생긴 동물이 나타났습니다. 스님은 그 동물을 살짝 들어내 땅바닥에 놓고 염불을 외었습니다.

잠시 후 그 동물의 머리에서 무지개 같은 가느다란 빛줄기가 솟아올랐습니다. 그러고는 죽었습니다. 스님은 그 동물을 화장하여 장례를 치러 주었습니다.

"전생에 인연을 맺었던 그 동물을 연옥에서 풀어 준 것이야."

스님은 수행원들에게 이렇게 말했습니다.

천국과 지옥의 중간인 연옥은 종종 바윗속에 갇힌 동물 형태로 그 모습을 드러낸다고 합니다.

영국이나 프랑스의 암석에서 나온 두꺼비도 연옥에서 그 모습을 드러낸 건 아닐까요? ★

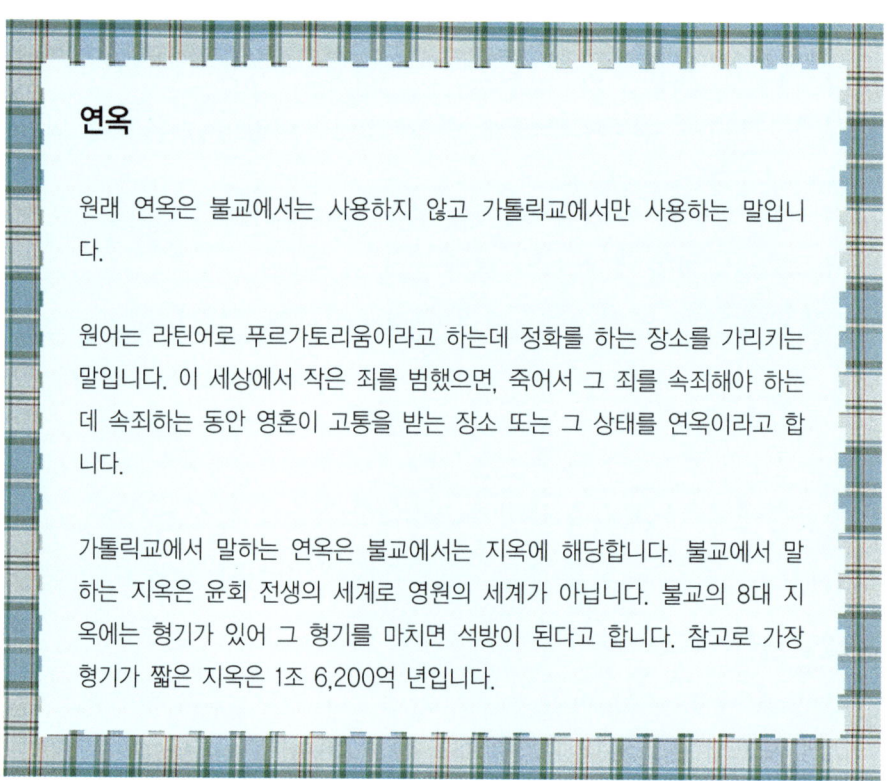

연옥

원래 연옥은 불교에서는 사용하지 않고 가톨릭교에서만 사용하는 말입니다.

원어는 라틴어로 푸르가토리움이라고 하는데 정화를 하는 장소를 가리키는 말입니다. 이 세상에서 작은 죄를 범했으면, 죽어서 그 죄를 속죄해야 하는데 속죄하는 동안 영혼이 고통을 받는 장소 또는 그 상태를 연옥이라고 합니다.

가톨릭교에서 말하는 연옥은 불교에서는 지옥에 해당합니다. 불교에서 말하는 지옥은 윤회 전생의 세계로 영원의 세계가 아닙니다. 불교의 8대 지옥에는 형기가 있어 그 형기를 마치면 석방이 된다고 합니다. 참고로 가장 형기가 짧은 지옥은 1조 6,200억 년입니다.

움직이는 밀랍 인형

　1857년 미국 새크라멘토의 밀랍 인형 극장에서 벌어진 일입니다.
　새로운 인형극을 구경하려고 많은 사람들이 몰려들었습니다.
　이곳에서는 프랑스 혁명 때 처형된 프랑스 남녀 인물들을 밀랍 인형으로 만들어 공연하고 있었습니다.
　밀랍 인형 가운데는 귀족 부부, 교구 사제, 젊은 시녀, 검은 옷차림의 핏기 없는 남자들이 있었습니다.
　검은 옷차림의 남자 밀랍 인형 받침대에는 '니코뎅 레오폴드 레피드'라는 이름이 적혀 있었습니다.

이 밀랍 인형의 주인공은 가난한 사람들의 돈을 인정사정없이 긁어모아 온 세무서의 관리였습니다.
밀랍 인형의 공연이 시작된 지 1주일이 되었습니다.

밀랍 인형 보관실 문을 연 관리인 에즈라 포터는 깜짝 놀랐습니다. 밀랍 인형 중 하나가 밤사이에 자리가 바뀌어 있었던 겁니다. 그뿐이 아닙니다. 인형은 머리가 잘린 채 바닥에 떨어져 있었습니다.

포터는 곧 바로 사장인 터너에게 알렸습니다.

"그것 참으로 이상한 일이군. 우리 둘이서 한번 지켜보자고."

사장 터너는 포터에게 말했습니다. 두 사람은 잠을 자지 않고 지켜보았습니다.

새벽 2시 30분이 다 됐을 무렵이었습니다. 레피드의 밀랍 인형이 움직이기 시작했습니다.

처음엔 팔이 움직였습니다. 그 다음엔 다리가 움직였습니다. 잠시 후 밀랍 인형의 얼굴에 살아 있는 사람처럼 핏기가 감돌았습니다. 그리고 화가 난 듯 눈살을 찌푸렸습니다.

이윽고 말소리가 들렸습니다. 밀랍 인형은 프랑스 말을 했습니다. 터너나 포터는 프랑스 말을 알아들을 수 없었습니다. 그러나 그 말을 귀담아 듣고 프랑스 출신 캐나다 사람에게 말했습니다.

"밤엔 편히 잘 수가 없다. 전엔 사람들이 우리가 죽는 것을 구경하러 왔는데, 이젠 밀랍 속에 담긴 우리의 영혼을 구경하러 사람이 온다. 밤 시간엔 오지 마라. 아니면 후회할 것이다."

캐나다 사람은 이렇게 밀랍 인형의 말을 번역해 주었습니다.

이 얘기가 새크라멘토의 한 신문 기자의 귀에 들어갔습니다.

"터너 사장님! 밀랍 인형들과 하룻밤을 지내게 하여 주십시오. 밀랍 인형이 움직이는 걸 내 눈으로 직접 보고 싶소."

신문 기자가 졸랐습니다.

"그렇게 하십시오."

터너 사장은 허락을 했습니다.

젊은 기자가 밀랍 인형 보관실에 들어갔습니다. 그리고는 밖에서 문을 잠갔습니다.

새벽 2시 31분쯤이었습니다.

"사람 살려요, 사람."

안에서 미친 듯이 질러 대는 비명 소리가 들려 왔습니다. 문을 쾅쾅 두드리는 소리도 들려 왔습니다. 밖에서 기다리고 있던 터너 사장은 깜짝 놀라 벌떡 일어났습니다.

황급히 문을 열었습니다. 젊은 기자는 기절하여 쓰러져 있었습니다. 터너 사장은 젊은 기자를 업고 나갔습니다.

젊은 기자는 그 날 밤 인형이 움직이는 것을 상세히 기록하였습니다. 그 기록은 다음과 같았습니다.

어슴푸레한 램프 불빛이 사람과 꼭 닮은 밀랍 인형들을 비추고 있었다. 말없이 꼼짝 않는 모습이 더욱 오싹한 기분을 느끼게 했다.

 군중들 사이에선 침묵이 흘러도 숨 쉬는 소리, 옷 스치는 소리는 들리게 마련인데 그런 소리들이 없었다.

 이 음산한 밀랍 인형들을 한두 시간 마주보고 있다는 것은 나로서는 대담한 일이다. 따지고 보면 밀랍으로 만들어진 것에 지나지 않지만.

 밀랍 인형들은 움직일 수 없는 게 당연하다. 그런데 내가 그 세무 관리의 인형을 쳐다보고 눈을 돌렸다가 다시 쳐다볼 때마다 자세가 조금씩 달라진 것 같았다.

 그래서 그 인형에게서 눈을 떼지 않고 지켜보았다. 그랬더니 이번엔 뭔가 보였다.

 그 밀랍 인형의 팔이 움직였다. 처음엔 천천히 움직였다. 그러다가 차츰 움직임이 빨라졌다.

 '어!'

 나는 놀라지 않을 수 없었다. 밀랍 인형은 움직임을 빨리하더니 제 목을 치는 게 아닌가! 목은 단번에 떨어졌다. 나는 의자를 움켜쥔 채 몸이 돌처럼 굳어졌다. 인형만 뚫어지게 바라봤다. 인형의 머리가 있던 곳엔 잔인하고 매서운 눈초리를 가진 사람의 얼굴이 유령처럼 나타났다.

 나는 더욱 공포에 질렸다. 밀랍 인형은 나를 향해 몸을 돌렸다.

받침대를 벗어나 걸어오기 시작했다.

나는 벌떡 몸을 일으켰다. 밀랍 인형은 나를 향해 걸어오는 것이 아닌가!

나는 겁에 질려 뒷걸음질을 쳤다. 관리인에게 알려야겠다는 생각으로 문을 두드리기 위해 자꾸 뒷걸음질을 쳤다.

나는 문을 계속 두드렸으나 대답이 없었다. 밀랍 인형은 어느새 더 가까이 다가왔다.

이번엔 세게 문을 두드렸다. 그래도 밖에선 대답이 없었다. 밀랍 인형은 자꾸 내게로 걸어오고 있었다.

나는 주먹으로 문을 쾅쾅 두드렸다.

'악!'

밀랍 인형이 팔로 내 목을 감는 것 같았다. 나는 소리를 질렀다. 문이 열렸다. 그리고 터너가 들어왔다. 그 후의 일은 아무것도 기억이 나지 않는다.

내가 기록한 모든 것이 사실임을 이 세상의 모든 사람들에게 맹세한다.

다음 날 아침이었습니다.

그 밀랍 인형의 머리는 다른 인형들 바로 옆 바닥에 떨어져 있었습니다. 그리고 몸은 문 옆에 나뒹굴고 있었습니다. 또 손가락들은 납작하게 일그러져 있었습니다. 아주 볼썽사나웠습니다.

"인형이 밤에 움직이면서 다닌대."

"말도 한다던데."

이 소문은 삽시간에 퍼졌습니다. 인형극을 구경하러 사람들이 구름처럼 모여들었습니다.

"머리가 잘린 인형은 어디 있을까?"

사람들은 인형극을 구경하고 나오면서 모두 한 마디씩 했습니다.

그러나 머리 잘린 인형은 끝내 볼 수 없었습니다.

그 밀랍 인형을 녹여서 다시 만들었기 때문입니다. 다시 만들어진 인형은 그 후로는 그런 소동을 일으키지 않았다고 합니다.

터너의 밀랍 인형 극장은 1885년까지 대성황을 이루었다 합니다. ★

세계에서 가장 유명한 밀랍 인형관
마담 터소 밀랍인형관

마담 터소 밀랍인형관(Madame Tussaud's)은 1802년 터소 부인에 의하여 건립된 밀랍인형관으로 터소 부인은 프랑스 대혁명 희생자들의 얼굴을 밀납 인형으로 만들기 시작했습니다. 그후 영국으로 건너와 1853년 베이커 거리에 자신의 작품들을 전시하는 장소를 마련했는데, 이것이 바로 마담 터소 밀랍인형관의 모체입니다.

밀랍인형관의 전시 방식은 방문객들이 실물 크기의 연예인이나 레닌, 마틴 루터킹 등의 정치 지도자, 세익스피어, 피카소 등의 예술인이나 왕가의 사람들과 함께 하는 파티 형식입니다. 그래서 사람과 인형을 언뜻 보아선 구분할 수 없기 때문에 벌어지는 재미있는 에피소드도 많다고 합니다.

죽은 지 일주일 만에 만난 형

유명한 전쟁 시인인 윌프레드 오웬은 1918년 11월 4일 죽었습니다.

그런데 참 이상한 일이 일어났습니다. 1918년 11월 11일 오전 11시에 제1차 세계 대전이 끝났습니다.

그 날 영국 해군 장교 해롤드 오웬은 남아프리카 연맹 데불만에 정박 중인 해군 순양함 아스트리아호를 타고 있었습니다.

"축배를 들 테니 전원 선실로 집합!"

함장은 전쟁이 끝난 걸 축하하기 위해 모든 장교를 불렀습니다.

해롤드 오웬은 그 때 21세였습니다. 그날따라 그는 기분이 좋지 않았습니다.

'왜 이렇게 불안할까?'

해롤드 오웬은 왠지 가슴이 두근거리고 무언가 불안했습니다.

'전쟁은 끝났는데 형은 살아 있을까?'

해롤드 오웬은 형을 생각하니 마음이 침울해졌습니다. 해롤드 오웬의 형은 윌프레드 오웬이었습니다. 축배를 들면서도 생각은 형에게로 쏠렸습니다.

얼마 후 아스트리아호는 아프리카의 카메룬 해안을 향해 데불 만을 떠났습니다.

해롤드 오웬은 말라리아에 걸렸습니다. 몸은 쇠약했고 몹시 침울했습니다.

그 때 형 윌프레드 오웬이 선실에 나타났습니다.

해롤드 오웬은 편지를 쓰려고 선실로 내려갔습니다. 커튼을 젖히고 안으로 들어갔습니다. 윌프레드 오웬이 동생 해롤드 오웬의 의자에 앉아 있었습니다. 해롤드 오웬은 깜짝 놀랐습니다. 그러나 얼른 말이 튀어나오지 않았습니다. 너무도 반가운데 달려가 얼싸안을 수 없었습니다.

'형, 여기를 어떻게 왔어?'

이렇게 말하고 싶었으나 말은 입 속에서만 맴돌았습니다. 몸도 말을 듣지 않았습니다. 얼굴에서 피가 빠지는 것을 느꼈습니다.

몸이 뻣뻣해지기 시작했습니다.

해롤드 오웬은 형에게 달려가지 못하고 한참이나 그 자리에 서 있었습니다. 그러다가 한참 후에 입을 열었습니다.

"형, 어떻게 여기 왔어?"

윌프레드 오웬은 일어나지 않았습니다. 반가운 표정도 짓지 않았습니다.

'어쩐 일일까? 반가워 의자에서 일어나 달려올 법도 한데.'

해롤드 오웬은 고개를 갸웃거렸습니다.

"형, 어떻게 된 일이야?"

해롤드 오웬은 다시 물었습니다. 윌프레드 오웬은 그제야 미소를 지었습니다. 해롤드 오웬은 마음이 놓였습니다. 두려운 마음이 싹 가라앉았습니다.

"형, 어떻게 여기에 올 수 있었어?"

윌프레드 오웬은 아주 얌전히 미소를 짓기만 했습니다. 윌프레드 오웬이 여기 순양함까지 왔다는 건 의문의 여지가 많았습니다. 해롤드 오웬은 그런 것까지는 생각하지 않았습니다.

'너무 반가워서 저렇게 미소만 짓고 있는 거야.'

해롤드 오웬은 형이 부자연스럽게만 느껴졌습니다. 그러다가 차츰 그런 마음도 없어지고 자연스럽게 느껴졌습니다. 아무것에도 의문을 느끼지 않았습니다.

"형, 이제 전쟁이 끝났어. 우리는 평화롭게 살 수 있어. 형! 그렇지? 형도 전쟁이 끝난 것이 기쁘지?"

윌프레드 오웬은 여전히 미소만 지었습니다.

"형이 말 안 하는 마음을 알아. 너무 기뻐서 그렇지?"

윌프레드 오웬은 여전히 미소만 짓고 동생을 바라보기만 했습니다. 그래도 해롤드 오웬은 기뻤습니다.

"형, 이젠 카키복을 벗어 던져도 될 거야. 이젠 군복이 필요 없거든."

형 윌프레드 오웬은 카키복을 입고 있었습니다. 카키복은 육군이 입는 카키색의 군복입니다. 해군 복장과는 너무도 달랐습니다.

해롤드 오웬은 눈을 지그시 감았습니다. 형의 얼굴이 더욱 다가왔습니다.

'그래, 형과 함께 고향으로 가는 거야. 어머니가 기쁘게 반겨 줄 거야!'

해롤드 오웬은 기쁘게 맞아 줄 어머니의 얼굴도 떠올랐습니다.

"형, 우리의 만남은 예사스런 일이 아닌 것 같아. 하느님이 마련해 준 만남이야. 육군인 형을 어떻게 해군의 순양함에서 만날 수 있어? 이건 정말 신비한 일이야."

해롤드 오웬은 너무도 기뻐 소리치며 눈을 떴습니다.

'어!'

해롤드 오웬은 깜짝 놀랐습니다. 의자에 앉았던 형이 온데간데없이 사라졌습니다.

"형! 어디 있어?"

해롤드 오웬은 소리쳐 불렀으나 대답이 없었습니다.

'화장실에 간 건 아닐까?'

그러나 화장실에도 없었습니다. 해롤드 오웬은 얼굴이 다시 하얗게 되고, 기운이 빠지기 시작했습니다.

"형!"

해롤드 오웬은 그 자리에 서서 외치기만 했습니다.

'내가 꿈을 꾼 건 아닐까?'

해롤드 오웬은 이렇게 생각해 보기도 했습니다. 그러나 자기가 여전히 선실에 있는 걸 알고는 다시 의문에 사로잡혔습니다.

"아! 피곤해."

해롤드 오웬은 이렇게 말하고 침대에 가서 누웠습니다. 갑자기 심한 피로를 느껴 그대로 서 있을 수 없었습니다.

해롤드 오웬은 깊은 잠에 빠지고 말았습니다.

잠에서 깨어난 때는 몇 시간 후였습니다.

'형은 어쩌면 죽었는지도 몰라!'

해롤드 오웬은 어쩐지 불길한 예감이 들었습니다.

'맞아, 형은 죽어서 여기 선실에 온 거야. 그러니까 내가 물어도 말을 하지 않았지!'

해롤드 오웬은 무언가 아쉬운 생각만 들었습니다.

정말 윌프레드 오웬은 죽었습니다.

참으로 기이한 일이라 아니 할 수 없습니다.

윌프레드 오웬은 '이상한 만남'이란 시로 널리 알려졌습니다. '이상한 만남'이란 시는 전쟁에서 죽은 사람과의 만남을 상상한 것입니다.

해롤드 오웬은 형이 선실에 오기 1주일 전에 죽었다는 걸 나중

에야 알았습니다. 형 윌프레드 오웬은 이런 걸 예감하고 '이상한 만남'이란 시를 썼을까요? ★

윌프레드 오웬(Wilfred Owen, 1893~1918)

윌프레드 오웬은 1893년 3월 18일에 영국의 오스웨스트리에서 출생했습니다. 그의 부친은 철도회사의 사원이었는데 넉넉하지 못한 가정이었습니다. 오웬은 기술학교 졸업후 런던대학에서 입학 허가를 받았으나 등록금이 없어서 입학할 수 없었습니다. 그래서 그는 학생 겸 평신도 사제보가 되었습니다. 거기에서 그는 믿음 보다는 사람들의 고통스러운 삶에 동정을 더 느끼게 되어 1915년 영국군에 자원 입대했습니다.

1917년 장교로 제1차 세계대전의 격전지였던 서부전선으로 갔다가 병에 걸려 영국으로 후송되었습니다. 군인병원에서 그는 이미 전쟁 시인으로 명성을 얻고 있던 새슨을 만나 시를 보다 열심히 쓰도록 격려 받았습니다. 병이 회복되어 1918년 프랑스의 전선으로 다시 돌아갔다가 휴전이 성립되기 일주일 전인 11월 4일에 27세를 일기로 생을 마감했습니다.

피를 빨아먹는 소녀 귀신

"흡혈귀가 나타났다."

브라질의 바이아주 이타에테시의 사람들은 온통 불안에 떨기 시작하였습니다. 겉보기에 평화로워 보이는 이 도시에 무엇인가 아이들의 피를 빨아먹는 사건이 일어난 것입니다. 흡혈귀(피를 빨아먹는 귀신) 때문에 죽은 아이는 없었지만 사람들은 공포에 사로잡혔습니다.

페르난도라는 소년이 심부름을 가다가 흡혈귀에게 습격을 당했습니다. 이것이 시초였습니다. 페르난도 소년은 목덜미를 물렸습니다. 이때는 승냥이의 짓이라고 여겼습니다.

그러나 두 달 후에 또 이런 일이 일어났습니다. 마리코스 소년이 흡혈귀의 습격을 당하고 겨우 목숨을 건졌습니다.
"그 흡혈귀는 여자였어요."
마리코스의 말에 시민들은 매우 놀랐습니다.
'여자 흡혈귀!'

모두들 공포에 떨기 시작했습니다. 두 달 후에는 쥬히다 소년이 흡혈귀의 습격을 받았습니다. 쥬히다 소년은 흡혈귀에게 배를 물어 뜯겨 병원에 입원을 할 정도로 중상을 입었습니다.

여섯 달 후에는 죠르지 소년이 또 당했습니다. 이번이 네 번째였습니다.

'이러고만 있어서는 안 되겠다.'

사람들은 경찰에 수사를 의뢰하였습니다. 경찰도 보통 일이 아님을 알고 수사에 나섰습니다.

그러나 흡혈귀의 정체는 좀처럼 밝혀지지 않았습니다.

어느 봄날이었습니다. 교회의 종소리가 은은히 울려 퍼졌습니다.

'아빠는 왜 안 돌아오시지? 점심때라 할머니가 식사 준비를 하고 기다리실 텐데.'

여섯 살인 호날두는 조용한 나무숲 속에서 아버지를 기다리고 있었습니다. 호날두의 어머니는 삼 년 전에 돌아가셨습니다.

호날두가 살고 있는 산포아스 공동묘지는 썰렁했습니다. 호날두는 공동묘지 옆에 있는 나무 밑에 앉아 아버지를 기다리고 있었습니다.

호날두는 공동묘지의 푯말들을 바라봤습니다. 무덤 앞에 꽂혀 있는 십자가를 바라보면서 어머니를 그리워했습니다.

호날두는 차츰 겁이 나기 시작했습니다.

"아빠!"

호날두는 떨리는 소리로 아버지를 불렀습니다. 아버지는 대답이 없었습니다. 호날두의 아버지는 공동묘지 사무실로 갔습니다. 호날두 어머니의 무덤을 넓히기 위해 묘지기와 이야기를 나누는 중입니다.

'이야기가 잘 안 되나 보다.'

호날두는 이렇게 생각하며 옆에 있는 작은 돌멩이를 하나 집으려 하였습니다.

이 때였습니다.

뒤편의 나무숲 사이에서 버스럭 소리가 났습니다.

'누구일까?'

호날두는 귀를 소리 나는 곳으로 기울였습니다.

'아버지는 아니다. 아버지라면 뒤쪽에서 오실 리가 없다. 사무실은 저 앞쪽에 있는데?'

호날두는 불안했습니다. 뒤를 돌아보았습니다. 그러나 아무것도 보이지 않았습니다. 그런데 이상한 일이 일어났습니다.

"흑흑흑……."

이런 가쁜 숨소리가 들리더니 나뭇가지가 흔들리고 있었습니다.

'개 아니면 고양이겠지.'

호날두는 애써 마음을 가라앉혀 보려고 했습니다. 멀리 길 쪽으로 돌아섰습니다.

그 순간이었습니다.

"앗!"

호날두는 그만 비명을 질렀습니다. 등 뒤에서 무언가가 호날두를 덮친 것입니다.

"살려 주세요!"

호날두는 발버둥을 치며 외쳤습니다. 그러나 입이 틀어 막혀 소리가 튀어나오지 못했습니다.

'개는 아니다. 좀 더 큰 것. 이것은 분명히 사람……'

호날두는 보았습니다. 손톱에 빨간 피가 묻어 있는 여자의 손을!

그 여자는 머리를 흐트러뜨렸습니다. 얼굴이 반쯤 머리카락에 덮였습니다. 그 머리카락 사이로 푸른빛이 도는 눈이 번들번들 빛나 보였습니다. 그것은 마치 굶주린 승냥이의 눈빛과 같았습니다.

"히히 히히!"

여자가 음침한 웃음소리를 냈습니다. 웃을 때의 모습은 바로 귀신이었습니다. 입 안이 온통 빨간 피투성이였습니다.

"여자 귀신……"

호날두는 이렇게 중얼거리면서 그만 정신을 잃었습니다.

여자 귀신은 두 손으로 호날두의 목을 조이면서 나무 숲 속으로 끌고 갔습니다.

그리고 호날두를 잔디 위에 쓰러뜨리고 팔을 물어뜯었습니다.

호날두의 팔뚝에서 피가 쏟아졌습니다.

여자 귀신은 정신없이 피를 빨아먹고 일어섰습니다.

"우우우……."

이상한 웃음소리를 내며 웃는 여자 귀신은 피가 맛있다는 듯이 입맛을 쩍쩍 다셨습니다.

묘지 안은 여전히 조용하였습니다. 그 때 묘지기를 데리고 아버지가 나왔습니다.

"아니, 호날두가 어디로 갔지?"

아버지가 이렇게 말하면서 연못 쪽으로 발길을 돌리려 하였습니다.

그 때 묘지기가 아버지의 어깨를 두드렸습니다.

"저기를 보시오. 새들이 날아가고 있소."

숲 속에서 새들이 놀라 날아오르고 있었습니다. 새는 사람이 가까이 오면 달아납니다.

두 사람은 숲 속으로 급히 달렸습니다.

"아니!"

아버지는 발걸음을 멈추었습니다. 너무도 놀라 외마디 소리만 질렀습니다. 거기에는 호날두가 처참한 모습으로 쓰러져 있었습니다.

"흡혈귀가 또 나타났구나!"

묘지기가 외쳤습니다. 묘지기는 무슨 생각에선지 연못 쪽을 향하여 달리기 시작하였습니다. 연못은 이 숲 속에서 200미터쯤 되는 곳에 있습니다.

피를 빨아먹는 소녀 귀신

그 연못가에 여자 하나가 쪼그리고 앉아서 얼굴을 씻고 있었습니다.

"저놈이다. 저놈이 흡혈귀다."

묘지기가 외치며 더욱 빨리 달렸습니다. 발자국 소리를 들은 여자는 뒤를 힐끔 돌아보더니 잽싸게 저쪽 숲 속으로 몸을 날리듯 달아났습니다.

묘지기는 경찰서에 신고를 하였습니다.

"내 눈으로 똑똑히 보았습니다. 아이들의 피를 빨아먹는 흡혈귀는 사아리즈입니다. 분명히 그 여자입니다."

사아리즈 카드로스는 이 도시에 사는 17살의 소녀입니다. 아버지는 포르투갈 사람이고, 어머니는 인디오(중앙 아메리카, 남 아메리카 원주민)입니다.

8살까지는 인디오 마을에서 자랐고, 그 후에는 이 도시로 나와 초등학교를 졸업하였습니다. 예쁘게 생긴데다 머리가 좋아 평판이 좋았습니다.

"사아리즈가 흡혈귀라고요? 농담이겠지요. 세상이 뒤바뀌면 뒤바뀌었지."

경찰관이나 시민들은 묘지기의 말을 믿으려 하지 않았습니다. 그러나 묘지기는 자기주장을 굽히지 않았습니다.

경찰에서는 믿어지지 않았지만 묘지기가 똑똑히 보았다고 하니 그냥 있을 수 없었습니다. 비밀리에 수사를 벌였습니다.

한 달 만에 형사는 범인을 잡기에 이르렀습니다.

사아리즈를 몰래 뒤따르던 형사는 눈을 커다랗게 뜨고 놀랐습니다. 사아리즈가 머리칼을 흐트러뜨린 채 집을 나와 비실거리며 정신없이 걸어갔습니다. 마치 몽유병 환자 같았습니다.

형사는 사아리즈의 뒤를 바싹 따라 붙었습니다. 사아리즈는 숨을 가삐 몰아쉬며 숲 속을 빠져나와 연못가로 걸어갔습니다.

연못가엔 세 아이가 고기잡이를 하고 있었습니다. 사아리즈가 세 아이들 중 하나에게 달려들려고 하였습니다.

"위험해!"

뒤따르던 형사가 소리쳤습니다. 형사가 재빨리 사아리즈를 덮쳤습니다. 범인은 묘지기 말처럼 사아리즈였습니다.

시민들은 흡혈귀가 사아리즈라는 데 더욱 놀랐습니다.

사아리즈는 곧 정신 병원에 입원했습니다.

사아리즈가 왜 아이들의 피를 빨아먹었는지 정확히 모르고 있습니다. 의사도 그것을 알아 내지 못하였습니다.

참으로 수수께끼 같은 일이었습니다. ★

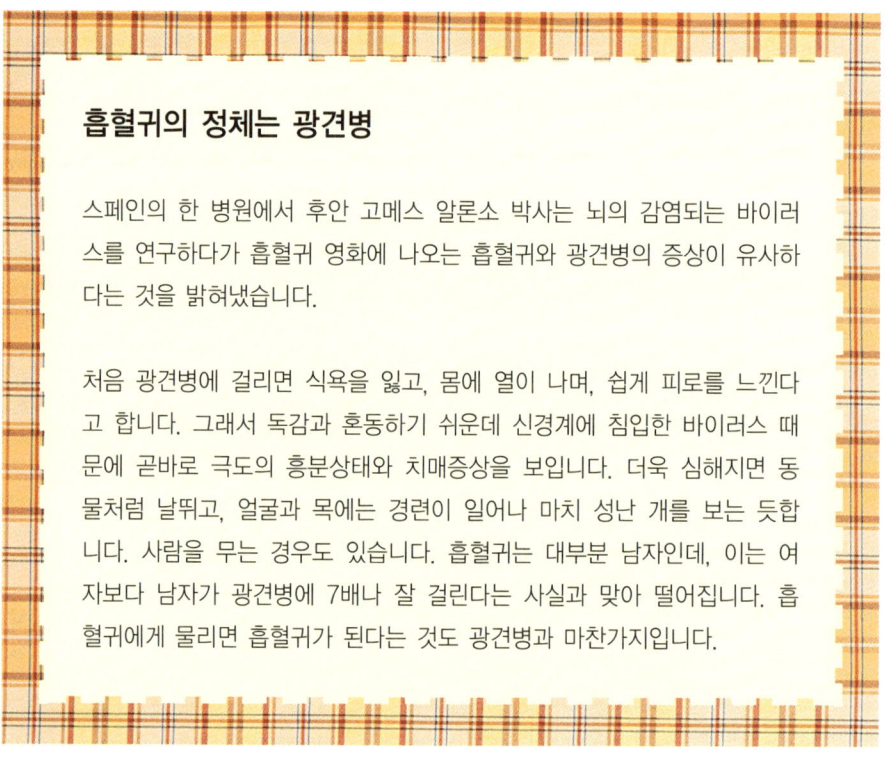

흡혈귀의 정체는 광견병

스페인의 한 병원에서 후안 고메스 알론소 박사는 뇌의 감염되는 바이러스를 연구하다가 흡혈귀 영화에 나오는 흡혈귀와 광견병의 증상이 유사하다는 것을 밝혀냈습니다.

처음 광견병에 걸리면 식욕을 잃고, 몸에 열이 나며, 쉽게 피로를 느낀다고 합니다. 그래서 독감과 혼동하기 쉬운데 신경계에 침입한 바이러스 때문에 곧바로 극도의 흥분상태와 치매증상을 보입니다. 더욱 심해지면 동물처럼 날뛰고, 얼굴과 목에는 경련이 일어나 마치 성난 개를 보는 듯합니다. 사람을 무는 경우도 있습니다. 흡혈귀는 대부분 남자인데, 이는 여자보다 남자가 광견병에 7배나 잘 걸린다는 사실과 맞아 떨어집니다. 흡혈귀에게 물리면 흡혈귀가 된다는 것도 광견병과 마찬가지입니다.

무덤에서 풍겨 온 향기

1880년 여름이었습니다.

"이리로 가자. 이것이 길이다."

유제니 황후는 정글을 헤치며 걸어갔습니다. 뒤따르던 시종들은 도무지 갈피를 잡을 수 없었습니다.

"길이 어디 있습니까? 앞은 나무와 숲뿐인데요?"

뒤따르던 시종들은 고개를 가로젓기만 했습니다. 길이라곤 눈을 씻고 봐도 없었습니다.

"무슨 소리? 이쪽이 길이다."

유제니 황후의 말에 시종들은 앞으로 나아가 긴 칼로 나무와 풀을 베고 길을 만들었습니다.

　유제니 황후는 누구일까요?

　유제니 황후는 프랑스의 나폴레옹 3세의 부인입니다.

　나폴레옹 3세는 1870년 프러시아와의 전쟁에서 졌습니다. 더 이상 황제의 자리에 있을 수 없었습니다. 그래서 영국으로 망명했습니다.

영국의 빅토리아 여왕은 나폴레옹 3세를 따뜻이 맞이하여 주었습니다.

나폴레옹 3세의 아들 루이도 아버지를 따라 영국으로 갔습니다. 영국 여왕의 따뜻한 보살핌에 감격하여 남아프리카로 전투하러 떠나는 영국군에 입대하였습니다.

"꼭 이기고 돌아오겠습니다."

"그래, 이기고 개선하길 기도하겠다."

루이는 어머니와 작별하고 남아프리카 원정길에 올랐습니다.

1879년이었습니다.

루이는 줄루족과의 전투에서 전사하였습니다. 시체는 정글에 급히 매장되었습니다. 전투가 너무 치열하여 루이의 무덤이라고 표시도 못 했습니다.

"루이, 줄루족과의 전투에서 전사."

전사 통지서를 받은 유제니 황후는 하늘이 무너지는 슬픔을 맛보았습니다.

"루이의 시체를 찾아 와서 가족 무덤에 묻어야겠다."

나폴레옹 3세는 영국으로 망명하던 해에 죽었습니다. 그래서 지하 무덤에 묻혀 있었습니다.

유제니 황후는 아들 루이를 아버지 옆에 묻고 싶었습니다.

"나는 루이의 시체를 찾으러 가야겠어."

유제니 황후는 친구를 불러 이렇게 말했습니다.

"뭐라고! 거기는 정글이야. 어디에 루이가 묻혔다고 찾으려 해. 설령 묘지가 표시되었더라도 나무들로 우거진 곳이야. 그건 불가능해."

친구는 이렇게 반대했습니다.

"아니야, 나는 찾을 수 있어."

유제니 황후는 우겼습니다.

"거기엔 또 맹수와 독충이 우글거려. 그런데도 시체를 찾겠다고 하니?"

친구들은 하나같이 반대했습니다.

"그런 것엔 겁이 안 나. 나는 루이의 시체가 있는 무덤을 찾을 수 있어."

친구들은 유제니 황후가 가련해 보였습니다.

"아들 생각하는 마음을 왜 몰라. 그러나 그건 너무도 불가능한 일이야. 마치 사막에서 바늘 찾기나 같아."

"그래도 나는 떠날 테야."

유제니 황후는 고집을 꺾을 수는 없었습니다.

"그래, 소원대로 해 보렴. 우리도 함께 가주지. 시종 몇도 데리고 가렴. 혼자 가기에는 너무도 위험해."

친구들 중 두 사람이 유제니 황후와 동행했습니다. 시종 세 사람도 함께 갔습니다.

유제니 황후는 1880년, 마침내 아들 루이의 무덤을 찾기 위해 머나먼 남아프리카로 떠났습니다.

남아프리카에 도착한 때는 여름이 시작되어 비도 자주 왔습니다.

유제니 황후는 안내자들을 고용하였습니다.

"1879년 줄루족과의 전투를 알지요? 내 아들이 그 전투에서 전사했어요. 아들의 시체를 찾으러 왔어요. 여러분들은 전투가 벌어진 곳을 잘 아시겠지요? 우리들을 그 곳으로 안내해 주세요."

"예. 지난해에 벌어진 전투를 기억하고말고요. 저희들을 따라오시면 됩니다."

고용인들은 자신 있게 말했습니다.

"그런데 전투가 벌어진 곳은 꽤나 넓을 텐데 어디에 가서 묘지를 찾지요? 우리는 묘지까지는 알 수 없습니다."

고용인 하나가 난처한 얼굴로 말했습니다.

"그건 염려 말아요. 전투 장소까지만 안내하면 돼요. 묘지는 내가 찾을 테니까."

고용인은 더 말하지 않고 유제니 황후 일행을 안내하였습니다.

우기에 접어든 정글은 나무와 풀로 무성해졌습니다. 한 치 앞도 볼 수 없을 만큼 숲이 우거져 있었습니다. 무덤을 찾을 수 있는 여건이 못 되었습니다. 온 사방, 아니, 하늘도 나무와 숲에 가려 보이질 않았습니다.

"포기하는 것이 어떻겠니? 이러다간 무덤도 찾기 전에 병이 나 죽겠어."

친구들은 가망이 없어 보이는 일을 포기하라고 졸랐습니다.

"아니야, 나는 찾을 수 있어. 나 혼자라도 해 낼 테니 걱정하지 마. 그리고 나를 따라오지 않아도 돼."

유제니 황후는 고집을 꺾지 않았습니다. 하루가 지난 아침이었습니다.

유제니 황후가 정글로 들어가면서 외쳤습니다.

"이리로 가자! 이쪽이 길이다."

유제니 황후는 진짜 길이라도 찾은 듯이 기쁜 소리로 외쳤습니다.

친구나 시종들은 유제니 황후의 얼굴만 쳐다봤습니다. 믿기지 않는 말에 멍하니 바라보기만 했습니다.

"이리로 가자. 어서 칼로 앞길을 열어라."

시종들은 부지런히 풀을 헤치고 길을 닦았습니다.

길을 연 앞에는 바위도 많았습니다. 바위를 넘었습니다. 쓰러진 큰 나무도 앞에 가로놓였습니다. 그것도 넘었습니다. 키보다 더 높은 풀을 헤치면서 나아갔습니다.

드디어 무성한 수풀에 완전히 가려진 무덤 앞에 섰습니다.

"여기를 파라."

시종들은 무덤을 팠습니다.

"오, 내 아들아."

무덤 속엔 루이의 시체가 있었습니다. 얼굴은 썩어 알 수 없었지만 군복의 명찰은 생생히 달려 있었습니다.

"내가 어떻게 이 무덤을 찾았는지 알아? 제비꽃 향기에 의해 안내되었지."

친구들이나 시종, 안내자들은 모두 놀랐습니다.

"루이는 제비꽃 향기를 몹시 좋아하여 늘 그 향기를 풍겼지. 나는 제비꽃 향기가 사라질 때까지 따라와서 이 무덤에 도착했단 말이야."

모두들 놀랄 수밖에 없었습니다. 그러니까 루이의 몸에서 풍긴 제비꽃 향기가 바로 길 안내자가 된 셈입니다. ★

해가 없는 곳에서 온 초록색 아이

"몸 색깔이 초록인 아이가 나타났다."
"뭐라고? 몸이 초록색이라고?"
"몸이 완전히 나뭇잎처럼 초록색이란 말이야."
"아니겠지, 초록 옷을 입었겠지."
스페인의 반호스 동굴 부근에서 큰 소동이 벌어졌습니다. 1887년 8월의 일입니다.
동굴에서 두 명의 아이가 발견되자 온 마을이 술렁이기 시작했습니다. 마을 사람들은 동굴로 가서 두 아이를 데리고 왔습니다.
스페인 사람들의 몸의 색깔은 흰데, 이 아이들의 몸은 초록색이니 놀랄 수밖에 없었겠지요.

　이 세상 사람들의 몸의 색은 백인종처럼 희거나 아니면 황인종처럼 누렇거나 흑인종처럼 까만 게 보통입니다.

　그렇다면 이 지구엔 또 다른 초록색의 인종이 있다는 말일까요?

　마을 사람들은 초록색 살갗을 가진 두 아이에게 말을 걸었습니다. 그러나 두 아이는 스페인어를 알아듣지 못했습니다.

　이 소문은 삽시간에 여러 나라로 퍼져 나갔습니다.

여러 나라의 과학자들이 초록색 몸을 가진 아이를 보러 모여들었습니다.

영어로 물어도 아이들은 알아듣지 못했습니다. 불어, 러시아어, 그 밖의 여러 나라의 말로 물었지만 하나도 알아듣지 못했습니다.

'그것 참 이상하다.'

과학자들은 고개를 갸웃거리며 열심히 노력했지만, 이 아이들의 수수께끼를 풀지 못하였습니다.

'눈 모습은 동양인과 닮았는데…….'

그렇지만 동양 여러 나라의 말도 알아듣지 못하였습니다.

과학자들은 이 아이들이 입은 옷을 자세히 살폈습니다.

'이건 우리들이 입는 옷감이 아닌데?'

두 아이가 입고 있는 옷은 한 번도 본 적 없는 낯선 옷감으로 되어 있었습니다.

'이 아이들은 지구인이 아닐 거야. 외계에서 왔을지도 몰라.'

마을 사람들은 이렇게 생각하였습니다. 외계라면 어디를 말할까요? 우리가 말하는 우주인이 아닐까요?

마을 사람들은 두 아이를 극진히 대접했습니다. 맛있다는 음식은 다 가져다 주었습니다. 처음엔 음식을 먹지 않으려고 했습니다.

"이것을 먹어야 살아. 그렇지 않으면 죽어."

마을 사람들은 음식을 먹지 않는 두 아이가 너무도 안쓰러워 보여 어찌할 바를 몰랐습니다. 손짓 발짓으로 먹으라고 해 보았지만 두 아이는 입을 꾹 다물고 있었습니다. 그러다가 남자 아이가 죽고 말았습니다.

여자 아이는 눈물을 흘리며 남자 아이를 흔들었습니다. 그러나 남자 아이는 싸늘한 시체로 변했습니다. 여자 아이는 며칠 동안 눈물만 흘리다가 마침내 음식을 먹기 시작했습니다.

마을 사람들은 기뻐서 어쩔 줄을 몰랐습니다.

"그래, 음식을 먹어야지."

"암, 그래야만 힘이 나는 거야."

마을 사람들은 정성껏 음식을 만들어 주었습니다.

여자 아이는 마을 아이들과 친하게 놀기 시작했습니다.

차츰 스페인어도 익혔습니다. 인사나 밥 먹자고 하는 말도 알아들었습니다.

어느덧 여자 아이는 예쁜 소녀가 되었습니다. 벌써 3년 가까운 세월이 흘렀습니다.

이제 웬만한 스페인어는 다 알아듣고 말할 수 있게 되었습니다.

'저 애는 정말 어디서 왔을까?'

마을 사람들의 머리엔 이것이 수수께끼로 남아 있었습니다.

그러던 어느 날이었습니다.

"이제 우리의 말을 알아들을 수 있게 되었으니 속 시원히 대답해 줄 수 있겠니?"

마을의 제일 나이 많은 할아버지가 물었습니다.

"무엇을요?"

소녀가 쌩긋 웃으며 할아버지를 바라봤습니다.

"이젠 비밀을 말할 수 있겠지?"

"무슨 비밀을 말하라는 거예요?"

"네가 어디서 왔는지를 말해 달라는 거야."

소녀는 고개를 끄덕이며 말했습니다.

"나는 해가 없는 땅에서 왔어요."

"뭐라고, 해가 없는 땅에서 왔다고?"

할아버지는 깜짝 놀라고 말았습니다.

'해가 없는 땅이라니?'

아무래도 믿어지지가 않았습니다.

"얘야, 우리 마을 사람들은 너를 위해서 3년 동안 정성을 다해 돌봐 왔단다. 이제 우리들의 마음을 알 때가 되었잖니?"

소녀는 할아버지의 말에 고개를 끄덕였습니다.

"그렇다면 바른 대로 말해 줄 수 있잖니?"

"바른 대로 말했어요. 정말이에요. 해가 없는 땅에서 왔어요."

소녀의 표정에서 거짓말이 아니라는 것을 읽을 수 있었습니다.

해가 없다는 건 빛이 없다는 뜻이니 암흑의 세계인데 그건 너무도 믿어지지 않았습니다.

"내 말이 거짓말 같아요? 정말이에요. 이 곳 세상과는 너무도 달라요. 이곳은 햇빛이 너무도 아름다워요."

소녀의 말에 더 이상 의문을 가질 수 없었습니다.

"그렇다면 어떻게 여기까지 왔지?"

소녀는 한참 생각하고 있었습니다. 아마 여기까지 온 내력을 생각하고 있는 모양이었습니다. 3년 전의 까마득한 지난 일이 아닙니까? 그러니 지난 일을 떠올리는데 시간이 필요하겠지요.

"어느 날이었어요. 우리 둘은 한가롭게 산책을 하고 있었어요."

소녀는 눈을 지그시 감고 그 때를 생각하는 듯했습니다.

할아버지와 마을 사람들은 침을 삼키며 다음 말을 기다렸습니다.

"갑자기 회오리바람이 일어났어요."

"그래서 어떻게 되었지?"

"그 뒤의 일은 잘 모르겠어요."

"잘 모르다니? 어떻게 여기 동굴에 왔는지 몰라?"

소녀는 고개를 끄덕였습니다.

"회오리바람에 휘말려 공중으로 올라가는 느낌만 받고 정신을 잃었어요. 눈을 떠 보니 제가 처음 발견된 동굴이었어요."

참 이상한 일이 아닐 수 없었습니다. 이건 정말 과학으로도 풀지 못할 수수께끼가 아닐 수 없었습니다.

마을 사람들은 우주에서 온 소녀라고 믿고 또 그렇게 부르기 시작했습니다.

초록색 소녀, 아니 우주에서 온 소녀는 1892년에 죽었습니다.

반호스 마을에 온 지 5년 만에 그는 해가 떠오르는 땅에서 숨을 거두고 말았습니다.

아직도 이들 초록색 아이들의 정체가 무엇인지 밝혀지지 않고 있습니다.

영원한 수수께끼로 남아 있을까요? 아니면 언젠가는 수수께끼가 벗겨질까요? ★

운명이 비슷한 두 대통령

　미국 역사상 가장 비극적인 죽음을 당한 대통령이 있습니다.
　16대 대통령인 에이브러햄 링컨과 35대 대통령인 존 피츠제럴드 케네디입니다.
　그런데 이 두 대통령의 죽음에 얽힌 일들이 너무도 비슷하여 사람들을 놀라게 하고 있습니다. 비슷하다기보다는 꼭 같다고 해도 지나친 말은 아닙니다.
　두 대통령의 죽음에 얽힌 일들이 어떻게 비슷한지 한번 살펴볼까요?
　링컨 대통령과 케네디 대통령이 대통령에 당선된 해는 모두 60

이로 끝나는 해입니다. 링컨은 1860년에 대통령에 당선되었고, 케네디는 1960년에 대통령에 당선되었습니다. 꼭 100년의 차이가 있습니다. 60이라는 숫자가 두 대통령의 운명을 비슷하게 만든 듯한 암시를 주고 있습니다.

  두 대통령은 정책적으로 같은 길을 걸었습니다. 링컨 대통령은 흑인 노예 해방 운동을 폈고, 케네디 대통령은 흑인 차별 대우를 못하도록 했습니다. 흑인의 인권을 존중하자는 정책이 이토록 같을 수 있을까요?

  "갈라져서 싸우는 집안은 일어설 수가 없다. 나는 미국이 반은 노예, 반은 자유의 상태에서 영구히 계속 될 수 없다고 믿는다."

  링컨 대통령은 이런 유명한 말을 남겼습니다. 그 당시 미국에서 남부는 흑인을 노예로 부리고 있었지만, 북부는 노예를 해방시킨

뒤였습니다. 노예 문제로 미국의 남과 북이 전쟁을 치르기도 했습니다. 이것을 미국의 남북 전쟁이라고 하지요.

두 대통령은 암살된 요일이 같습니다. 링컨 대통령이 부인과 함께 극장에 갔다가 총탄에 맞은 날은 금요일입니다. 케네디 대통령도 부인과 함께 텍사스주 댈러스에서 차를 타고 가다가 괴한의 흉탄에 맞았는데 그 날도 금요일이었습니다.

같은 금요일 날에 저격당한 운명은 무슨 뜻을 갖고 있을까요?

게다가 두 대통령의 부인들은 백악관에서 아들을 하나씩 잃었습니다. 대통령 부인들도 다 같이 백악관에서 이런 일을 겪었으니 참으로 이상한 일이지요.

또 두 대통령은 총알을 맞은 곳도 같았습니다. 총알이 뒷머리에 박혀 목숨을 잃었습니다.

두 대통령의 죽은 장소의 이름이 같습니다. 링컨 대통령은 포드 극장에서 저격당했고, 케네디 대통령은 포드 자동차 회사에서 만든 링컨 컨버터블을 타고 가다가 저격을 당했습니다. 포드라는 글자가 어떻게 두 대통령의 운명을 비슷하게 했는지 알 수가 없습니다.

두 대통령이 죽고 난 후 대통령에 오른 부통령은 놀랍게도 두 사람 다 남부 출신이며 상원 의원을 지낸 존슨이라는 이름을 가졌습니다.

이것도 우연일까요?

링컨 대통령의 자리를 이어받은 앤드류 존슨은 1808년에 태어났고, 케네디 대통령의 자리를 이어받은 랜든 존슨은 1908년에 태어났습니다. 100년의 차이도 그러려니와 태어난 해의 끝 숫자가 같으니 이것도 보통 일이 아니잖습니까?

두 대통령의 개인 비서 이름이 상대방의 대통령 이름과 닮았습니다. 링컨 대통령의 비서는 존이라는 이름이었고, 케네디 대통령의 비서는 링컨이라는 이름을 가졌습니다.

또 이건 어떤 우연의 일치일까요?

두 대통령을 쏜 범인이 태어난 해의 끝자리 숫자가 같습니다. 그것도 100년이란 차이로 말입니다. 링컨 대통령을 쏜 존 윌크스 부스는 1839년에 태어났고, 케네디 대통령을 쏜 리 하비 오스월드는 1939년에 태어났습니다.

100이란 숫자, 이건 너무도 신기한 일이 아닐 수 없습니다. 대통령에 당선된 해도 100년 차이, 대통령 자리를 이어받은 부통령이 태어난 해도 100년 차이, 암살범이 태어난 해도 100년 차이입니다.

정말 혀를 찰 노릇입니다.

또 암살범들은 사상과 출신지가 같습니다. 다 같이 과격 사상을 가진 남부 출신이랍니다.

두 대통령을 암살한 범인들의 죽음도 꼭 같았습니다. 사람을 죽였으면 재판을 받고 사형을 당하는 게 보통입니다. 그런데 두 범인들은 재판도 받아 보지 못하고 누군가의 총탄에 맞아 죽었습니다. 링컨 대통령의 암살범 부스는 링컨 대통령을 쏜 지 12일 만에 버지니아 주의 어느 마구간에서 누군가에 의해 사살되었습니다. 케네디 대통령의 암살범 오스월드는 대통령을 쏜 지 2시간 만에

운명이 비슷한 두 대통령 **133**

체포되어 유치장에 갇혔습니다. 그로부터 2일 후 구치소로 옮기기 위해 경찰서에서 끌려나왔습니다. 그 때 오스월드를 향해 총알이 날아왔습니다. 오스월드는 그만 그 자리에서 쓰러져 숨을 거두었습니다. 오스월드를 쏜 사람은 루비라는 이름을 가졌습니다.

또 두 대통령을 쏜 장소와 범인들이 도망친 곳이 정반대였습니다.

링컨 대통령을 암살한 부스는 극장에서 대통령을 쏘고 창고로 도망쳐 숨었다가 체포되었습니다. 케네디 대통령을 암살한 오스월드는 창고에서 대통령을 쏘고 극장으로 도망쳐 숨었다가 체포되었습니다.

또 두 대통령의 성의 글자 수가 똑같습니다. 다 같이 성의 글자 수가 일곱 자입니다. 링컨 대통령의 성은 Lincoln이고 케네디 대통령의 성은 Kennedy입니다. 글자를 세어 보세요. 일곱 자입니다.

두 대통령 때 부통령을 지내고 대통령의 자리를 이어받은 존슨의 이름의 글자 수는 여섯 자입니다. 링컨 대통령에게 대통령의 자리를 이어받은 앤드류 존슨(Andrew Johnson)도 여섯 자이고, 케네디 대통령의 자리를 이어받은 린든 존슨(Lyndon Johnson)도 여섯 자입니다.

그뿐이 아닙니다.

두 대통령의 암살범의 성과 이름의 글자 수가 똑같습니다. 링컨 대통령의 암살범은 존 윌크스 부스(John Wilkes Booth)로 글자 수가 열다섯 자이고, 케네디 대통령의 암살범은 리 하비 오스월드(Lee Harvey Oswald)로 글자 수가 열다섯 자입니다.

두 대통령은 민주주의를 위해 유명한 말을 남긴 것도 비슷합니다.

"국민의, 국민에 의한, 국민을 위한 정부는 지상에서 영원히 사라지지 않을 것이다."

링컨은 민주주의에 관해 이런 유명한 말을 남겼습니다.

"국민이 정부에 무엇을 요구하지 말고, 국민이 정부를 위해 무엇을 할 것인가를 먼저 생각하라."

이것은 케네디 대통령의 연설문의 한 구절입니다.

정말 수수께끼 같고, 불가사의한 운명이지요? ★

에이브러햄 링컨 (Abraham Lincoln, 1809~1865)
미국의 제16-17대 대통령

링컨은 어렸을 때 키가 크고 말라서 맞는 옷이 거의 없었습니다. 정규교육을 거의 받지 못했지만 풍부한 독서를 통해 지식을 얻었습니다. 청년시기에는 우체국장, 변호사, 뱃사공, 가게점원, 토지측량 등 다양한 일에 종사하면서 온갖 고생을 했습니다. 1861년 3월에 대통령이 되었지만, 남북전쟁이 일어났습니다. 전쟁 중에 17대 대통령으로 재선에 성공하였으며, 남북전쟁을 승리로 이끌었습니다. 1865년 4월 14일 연극을 보다가 총격을 당했고, 그 다음날 숨을 거두었습니다.
링컨은 미국 대통령 설문조사에서 거의 모든 분야에서 최고의 대통령으로 국민들이 꼽는 인물입니다.

존 피츠제날드 케네디 (John Fitzgerald Kennedy, 1917~1963)
미국의 제35대 대통령

제2차 세계대전 중에는 그가 승선한 어뢰정이 일본 구축함의 공격을 받아 격침되었으나 부하를 잘 구출하여 전쟁의 영웅이 되었습니다. 1961년 미국 역사상 최연소로서 제35대 대통령이 되었습니다. 소련(현재의 러시아)과 부분적인 핵실험금지조약을 체결하였고, 중남미 여러 나라와 '진보를 위한 동맹'을 결성하였으며 평화봉사단을 창설하기도 하였습니다. 1963년 11월 22일 유세지인 텍사스주 댈러스시에서 자동차 퍼레이드 중 암살자의 흉탄에 치명상을 입고 사망하였습니다.
케네디는 겨우 2년 동안 대통령직에 있었지만 미국의 자유주의에 대한 상징으로 기억되고 있으며, 미국인들은 그를 역대 가장 위대한 대통령 중 하나로 여기고 있습니다.

두 발로 걷는 털북숭이 괴물

　미국의 태평양 쪽 서북부 황야에 보먼이라는 늙은 사냥꾼이 살았습니다.
　보먼은 평생을 그 곳에서 살았기 때문에 골짜기의 바위 하나, 나무 한 그루까지 헤아릴 수 있었습니다. 날이 밝으면 산에 사냥 나갔다가 어두워지면 집으로 돌아오곤 하였습니다. 그러니 그 곳의 산을 손금 보듯 자세히 알았습니다.
　1853년 보먼이 청년이었을 때입니다. 보먼은 그 때 위스돔강 수원지로부터 샐몬강의 지류가 갈라지는 산속에서 살았습니다.
　보먼의 사냥은 산의 여기저기에 덫을 놓고 짐승을 사로잡는 일이었습니다. 보먼은 함께 있던 동료와 덫을 놓았습니다. 보먼은 친구와 함께 덫을 놓은 곳을 다니며 짐승이 잡힌 것을 확인하였습니다.

그 날은 짐승이 별로 덫에 걸리지 않았습니다.

"보먼, 이 덫엔 개미 한 마리 걸리지 않았군. 저 위쪽에 놓은 덫으로 가 보자고."

친구가 보먼을 보고 산 위를 가리켰습니다.

"그러자고. 위쪽 덫에 큼직한 놈이 걸려 있겠지."

보먼은 먼저 성큼성큼 위쪽으로 발길을 옮겼습니다. 두 사람은 인적이 드문 고개 위로 올라갔습니다. 이 고개엔 작은 내가 흐르고 있고, 비버가 많이 살고 있다고 알려졌습니다.

"비버라도 한 마리 걸렸으면 좋겠는데. 보먼, 안 그래?"

옆의 친구는 쉴 새 없이 지껄였습니다.

"비버 가지고 되겠어? 적어도 커다란 곰 한 마리는 걸려야지."

그러나 위쪽의 덫에도 아무것도 걸리지 않았습니다. 고개에 올라섰습니다.

"보먼, 여기가 바로 사냥꾼이 살해된 곳 아니야?"

"바로 그 곳이야. 아마 지난해의 일이지."

보먼도 고개를 끄덕였습니다. 지난해 한 사냥꾼이 혼자서 이 고개로 왔다가 무언가에 의해 살해되었습니다.

"아마 맹수의 짓일 거야."

사냥꾼의 시체를 발견한 사람들은 이렇게 말하였습니다. 사냥꾼의 시체는 무엇에 의해 반이나 먹힌 채였습니다.

"보먼, 그런 생각하니 조금 으스스한데……."

"지금은 우리 둘이잖아. 뭐가 겁난다고 그래."

보면도 그런 무서운 생각이 들었지만 애써 태연한 척 하였습니다.

"저기에다 텐트를 치지. 덫은 저쪽 위로 올라가서 놓고. 오늘 밤은 여기서 기다리기로 하지."

보면이 먼저 텐트를 치기 시작했습니다. 옆의 친구도 텐트 치는 것을 거들었습니다.

"자, 해지기 전에 덫을 놓고 보자."

보면이 또 먼저 앞장을 섰습니다. 두 사람은 텐트에서 꽤 멀리까지 올라가 덫을 놓고 해지기 전에 돌아왔습니다.

"어! 누가 이런 짓을 했을까?"

보면은 눈을 휘둥그레 뜨고 텐트 안을 살폈습니다. 두 사람이 잠시 텐트를 비운 사이에 누군가가 텐트에 와서 물건을 흐트러뜨려 놓았습니다.

"보면, 누가 이런 짓을 했을까?"

친구도 보면을 돌아보며 놀라는 얼굴이 되었습니다.

"곰의 짓이지. 틀림없어."

보면이 중얼거렸습니다. 텐트 옆엔 커다란 짐승의 발자국이 보였습니다.

"보면, 발자국이 두 발로 걷는 짐승이야. 곰은 절대 아니야."

"뭐라고?"

보먼도 텐트 옆의 발자국을 다시 살피면서 또 한 번 놀랐습니다. 두 발로 걷는 발자국이면 사람이어야 하는데 분명히 사람의 발자국은 아니었습니다.

두 사람은 겁에 질린 채 텐트에서 밤을 보낼 수밖에 없었습니다.

'어! 이게 무슨 소리일까?'

한밤중에 보먼이 무슨 소리에 깨어 담요를 덮은 채 일어나 앉았습니다. 지독한 짐승의 노린내가 났습니다.

보먼은 총을 들고 살그머니 텐트 밖을 내다봤습니다. 어둠 속에 커다란 형체가 어렴풋이 보였습니다.

보먼은 총을 쏘았습니다. 어둠 속의 그림자는 총에 맞지 않았습니다. 보먼이 밖으로 나가 뒤따랐습니다. 캄캄한 어둠 속으로 달려가자 덤불이 부서지는 소리가 들렸습니다.

총소리에 놀라 일어난 친구는 겁에 질려 벌벌 떨기만 했습니다.

다음 날 날이 밝자 두 사람은 다시 어제 놓은 덫으로 갔습니다. 그러나 토끼 한 마리 걸리지 않았습니다. 다시 텐트로 돌아왔습니다.

"어! 이게 어떻게 된 일이야."

두 사람은 너무도 어이없는 광경에 놀라고 말았습니다. 텐트가 또 무엇에 의해 망가뜨려져 있었습니다. 장비와 침구들이 여기저기 흩어져 있었습니다. 근처 냇가의 연한 흙에 두 발을 사용한 발자국들이 분명히 나 있었습니다.

두 사람은 불을 활활 피우면서 밤을 보냈습니다. 그리고 교대로 망을 보았습니다.

밤이 깊어지자 나뭇가지들이 딱딱 부러지는 소리를 내는 듯하고 귀에 거슬리는 길게 이어지는 거친 신음소리 같은 것이 들려왔습니다. 밤을 공포에 떨면서 간신히 보냈습니다.

"보먼, 덫을 걷고 그만 내려가자. 아무래도 불길한 생각이 들어."

보먼은 그렇잖아도 그만 내려갈 생각이었습니다. 보먼은 고개를 끄덕였습니다.

두 사람은 덫을 거두고 오후에 떠나기로 하였습니다.

보먼은 혼자 덫을 거두러 갔습니다. 친구는 남아서 텐트를 거두기로 하였습니다. 보먼이 덫을 거두어 돌아와 보니 텐트에 있어야 할 친구가 보이지 않았습니다.

다 꺼진 모닥불엔 가느다란 연기가 모락모락 나고 있었습니다.

"내가 돌아왔어. 어디 있나?"

보먼이 친구를 불렀습니다. 그러나 아무런 대답이 없었습니다. 보먼은 여기저기 살피면서 친구를 찾았습니다.

쓰러진 큰 가문비나무 옆에 친구가 드러누워 있는 것이 보였습니다. 친구의 몸은 아직 더웠습니다. 그러나 목이 부러지고, 목에 커다란 송곳니 자국이 네 군데나 나 있었습니다.
친구를 이렇게 만든 괴물이 무엇인지를 이내 알 수 있었습니다. 부드러운 흙에 박힌 동물 발자국이 그걸 말해 주고 있었습니다. 어제 본 그 발자국이었습니다.

친구는 다 죽어 가는 소리로 이렇게 말했습니다.

"텐트를 거두고 나무 옆에서 자네를 기다리고 있었지. 그런데 덩치가 아주 큰 괴물이 나타나 나를 이렇게 만들었어. 두 발로 걷는데 온몸이 털투성이였어. 원숭이는 더욱 아니고, 하여튼 나는 이 산중에서 그런 괴물은 처음 보았어. 두 발로 걷는 괴물이야."

친구는 이내 숨을 거두었습니다. 보먼은 괴물이 반인간 반악마라고 믿고 총만 쥐고 황급히 산을 내려왔습니다.

'어떻게 그런 괴물이 이 산 속에 있을까? 지난해에 살해된 사냥꾼도 그 괴물에게 당한 게 틀림없어.'

보먼은 이렇게 중얼거리면서 정신없이 달렸습니다. ★

빅풋 (Big Foot)

오랜 옛날부터 아메리카 인디언들 사이에서 숲 속에 사는 크고 이상한 괴물의 이야기가 전해지고 있었습니다.

그중 하나인 빅풋은 유인원을 닮은 동물로 19세기 중반 이후 수많은 목격자에 의해 그 존재가 보고되고 있습니다. 키는 2~3미터에 달하며, 무게는 200킬로그램이 넘으며, 발자국의 길이는 43센티미터를 넘는다고 합니다. 미국에서 목격되는 빅풋은 캐나다의 사스콰치(숲 속의 야만인)와 같은 종으로 추측됩니다.

과학자들은 대부분 빅풋의 존재에 대해 회의적입니다. 직립 보행을 하는 유인원 같은 거대한 생물의 화석이 발견된 적이 없기 때문입니다. 또한 빅풋을 연구할 수 있는 자료들은 목격자들의 증언이나 발자국 그리고 불분명한 사진이 전부입니다.

빅풋 사진 중에서도 가장 유명한 것은 로저 패터슨과 밥 지믈린이 촬영한 것입니다. 1967년 10월 20일에 촬영된 이 괴물은 2.1미터 이상의 키와 160~200킬로그램 정도의 몸무게를 가진 생물로 밝혀졌습니다. 불그스름한 갈색 털로 덮여 있고 흉부와 둔부가 솟아 있으며 가슴이 쳐져서 흔들리고 있었습니다. 그 괴물은 카메라 앞을 성큼성큼 걸으면서 고개를 돌려 똑바로 카메라를 쳐다보기도 하였습니다. 그러나 그 후 40년이 지나도록 학자들이 현장을 찾았지만 어떠한 새로운 증거도 찾을 수 없었다고 합니다.

사람을 잡아먹는 괴물

"마을이 왜 이렇게 텅 비었지? 사람은 살고 있는 것 같은데."
1868년 3월 7일 뉴기니에 도착한 독일의 선교사가 짐을 풀면서 짐꾼 카미로에게 물었습니다.
"모두 사냥을 나간 모양입니다."
"어린 아이, 여자들도?"
"그렇습니다."
"어린 아이와 여자들은 사냥을 할 능력도 없는데?"
"어린 아이들과 여자들을 마을에 남겨 놓으면 괴물에게 습격을

당할까 봐 모두들 함께 사냥터로 데리고 갑니다."
"괴물이라니?"
선교사 구스타프는 눈이 둥그레졌습니다.
"가라라."
"가라라? 그게 무슨 뜻이오?"
"가라라는 뉴기니의 임금님이라고 마을 사람들은 믿고 있습니다. 뉴기니를 손에 쥐고 있는 임금님. 가라라가 뉴기니를 만들었다고 합니다. 그러나 아무도 그걸 본 사람은 없습니다. 이 가라라가 사람을 잡아가거든요. 마을 사람들은 사람을 잡아가는 괴물을 가라라라고 믿지 않습니다. 뉴기니를 만든 가라라는 절대로 사람을 해치지 않는다고 굳게 믿고 있습니다. 다른 괴물이 해코지 한다고 믿어요."

짐꾼은 자세히 설명을 했습니다. 짐꾼 카미로는 이 지방 사람이 아닙니다. 그래서 사람을 잡아가는 괴물은 '가라라' 라고 생각하고 있습니다.

아내 마리네는 짐꾼의 소리를 듣고 벌써부터 벌벌 떨었습니다.

"봐요, 식인종이 우글거리는 미개지에서 어떻게 살겠어요."

아내 마리네가 남편 구스타프를 보고 푸념을 하였습니다.

"걱정 마오. 새로운 땅, 새로운 사람들에게 그리스도의 진리를 펴는 일은 내게 주어진 사명이오. 하나님이 우리를 돌봐 줄 것이오."

구스타프는 아내를 위로하고 마을에다 천막을 쳤습니다.

"오늘 해가 질 무렵이면 사냥터에서 돌아오겠군."

"아닙니다. 이 마을 사람들은 한번 사냥을 나가면 사흘이 걸립니다. 오늘 사냥을 떠난 것 같은데, 사흘 후에 돌아올 것 같군요."

짐꾼 카미로는 일을 거들면서 자세히 설명을 하였습니다.

그 날 밤이었습니다.

마을의 밤은 너무도 고요했습니다. 고요하다 못해 무서움이 들었습니다. 세 사람은 깊은 잠에 빠졌습니다.

"마리네! 마리네! 좀 일어나 봐요."

남편 구스타프가 아내를 흔들어 깨웠습니다.

"주무시지 않고 벌써 일어나셨어요?"

"여보! 당신 귀에도 저 소리가 들려요?"

아내 마리네는 잠이 싹 달아났습니다.

"뭐라고요?"

"잘 들어 봐요. 무슨 이상한 소리가 들려요."

아내 마리네가 귀를 기울였습니다.

"정말 이상한 소리인데요. 무서워요, 여보."

아내 마리네는 공포에 질려 있었습니다.

"너무 무서워하지 마오. 아마 악어 소리인가 보오."

구스타프는 뉴기니엔 악어가 많다는 이야기를 들었습니다. 그래서 이렇게 생각했습니다.

"악어가 밤에도 뭍에 올라와 먹이를 찾아요?"

마을 주변에는 하천이나 호수가 없었습니다.

"글쎄."

구스타프도 확실히 대답을 못 했습니다. 옆 천막 짐꾼에게 물어보려다가 그만두었습니다.

이상한 소리는 일정한 간격을 두고 다가오는 듯했습니다. 무엇인가 묵직한 것이 움직이는 것 같기도 했습니다.

"직…… 직……."

무엇을 질질 끄는 소리 같기도 했습니다. 분명히 천막 가까이로 오는 소리 같았습니다.

구스타프는 권총의 안전장치를 풀었습니다. 살금살금 발소리를 죽이며 천막 틈새로 밖을 내다봤습니다.

발소리가 천막 밖에서 멎었습니다. 그리고 천막 자락이 소리 없이 젖혀졌습니다.

'악어라면 아래쪽이 젖혀질 텐데 위쪽이 슬그머니 젖혀지다니!'

순간 얼굴에 온통 가시가 돋치고 메기처럼 큰 입술이 튀어나온 물고기가 나타났습니다.

'도깨비로구나!'

구스타프는 겁에 질려 소리도 못 질렀습니다.

물고기의 몸은 두꺼운 비늘로 덮여 있었습니다. 그러나 사람과 똑같은 두 손, 두 발이 달린 몸이었습니다.

구스타프는 그 자리에 주저앉고 말았습니다. 마리네는 비명을 지르며 기절하고 말았습니다.

"카미로!"

구스타프는 용기를 내어 옆 천막의 짐꾼을 불렀습니다. 그리고 권총의 방아쇠를 연달아 당겼습니다.

물고기 같은 괴물은 키가 3미터나 되는 듯 하였습니다. 총알이 괴물의 몸에 박혀도 끄덕도 하지 않았습니다.

'탁!'

괴물이 다가와 구스타프의 턱을 세게 쳤습니다.

구스타프는 그만 정신을 잃고 말았습니다.

어두운 굴속이었습니다. 굴속엔 차디찬 공기가 스산하게 감돌고 있었습니다.

구스타프와 아내 마리네, 짐꾼 카미로가 차디찬 공기에 정신이 들었습니다.

"마리네!"

남편 구스타프가 가는 소리로 아내를 불렀습니다.

"구스타프!"

아내도 정신이 든 모양이었습니다. 남편의 말에 대답했습니다.

"카미로!"

구스타프는 짐꾼의 이름을 불렀습니다.

"여기 있습니다. 선교사님, 괜찮습니까?"

"나는 괜찮소만."

"저도 괜찮습니다."

구스타프는 조금 마음이 놓였습니다. 그러나 몸을 움직일 수 없었습니다. 발이 덩굴로 묶여 있기 때문이었습니다. 아무리 풀려고 해도 안 되었습니다.

"마리네! 내 발을 좀 풀어 주오."

"나도 발이 덩굴로 묶여 꼼짝 못 해요."

"선교사님! 저도 꼼짝할 수 없어요."

짐꾼 카미로도 우는 듯한 목소리로 말했습니다.

동굴 안이 희미하게 보였습니다.

"카미로, 저 괴물은 뭐요?"

구스타프가 커다란 물체를 보며 물었습니다.

"아까 말씀드린 가라라입니다."

"그럼, 우리가 저놈에게 끌려온 건가요?"

"그렇습니다."

다음 날 햇빛이 동굴 속으로 들어오자 소름끼치는 괴물이 구스타프와 아내, 짐꾼 앞에 또 나타났습니다. 괴물은 구스타프를 힐끗 쳐다보다가 아내 마리네에게 갔습니다.

"살려 줘요."

아내 마리네가 소리쳤습니다.

"가라아!"

괴물은 이렇게 소리쳤습니다. 마리네를 번쩍 안아 더 깊은 동굴 속으로 사라졌습니다. '가라아'는 가라라라는 괴물이 외치는 소리입니다.

구스타프는 몸부림치는 아내를 따라 들어갔습니다.

그 곳은 첩첩이 쌓인 시체의 산더미였습니다. 사냥을 간 줄 알았던 마을 사람들의 시체였습니다.

1870년, 독일 탐험대가 이 동굴을 발견하고, 그 속에서 사람을 잡아먹는 가라라를 사살하였습니다.

가라라의 뱃속에서 두 개의 십자가 목걸이가 나왔습니다. 구스타프와 마리네 것이라는 걸 단박에 알 수 있었습니다.

베를린 대학 동물학과 지른트벤 박사가 괴물의 뼈를 연구한 결과, 빙하기 후기에 있었던 물고기와 사람과 생김새가 비슷한 동물의 일종이라고 했습니다. ★

왕의 일생과 똑같은 삶을 산 식당 주인

참 희한한 일이 있었습니다.

지금부터 100년 전 이탈리아에서 있었던 일입니다.

1900년 7월 28일 움베르토 1세인 이탈리아 왕이 밀라노 지방에 가게 되었습니다. 밀라노에서는 체육 대회가 열려 시상식에 참석하기 위해서 간 것입니다. 시종 무관 바글리아 장군이 왕을 경호했습니다.

그 날 저녁이었습니다.

"어디 좋은 식당이 없을까?"

왕은 시종 무관인 바글리아 장군에게 물었습니다. 바글리아 장군은 즉시 보좌관을 불러 명령했습니다.

"폐하께서 저녁을 드실 식당을 찾으신다. 즉시 알아보도록 하라."

"아주 좋은 식당이 있사옵니다. 그리로 안내하겠사옵니다."

"그럼, 그리로 안내하라."

왕은 자리에서 일어나 보좌관의 뒤를 따라 나섰습니다.

"아주 아늑하고 좋군."

왕은 식당에 들어서자마자 식당 안을 살피며 말했습니다.

"어서 오십시오."

식당 종업원들이 머리를 깊숙이 숙이고 인사를 했습니다.

왕은 창가의 조용한 자리에 앉았습니다.

"무엇을 드시겠습니까?"

식당 주인이 와서 정중히 물었습니다.

'어!'

보좌관이나 시종 무관은 그만 눈이 둥그레졌습니다. 말문이 막히고 말았습니다. 차림표를 훑어보던 왕이 고개를 들었습니다.

'어!'

왕의 눈도 커다랗게 떠져 감길 줄을 몰랐습니다. 왕은 주문 받으러 온 식당 주인의 얼굴을 살피며 한참이나 말문을 열지 못했습니다.

모두들 표정이 이상하자 식당 주인도 어리둥절해졌습니다. 자기를 뚫어지게 바라보자 혹시 얼굴에 무엇이 묻었는가 싶어 얼굴을 닦아 보기도 했습니다.

"폐하, 식당 주인이 폐하를 닮았습니다. 아주 흡사하게 닮았사옵니다."

시종 무관이 입을 열었습니다.

"폐하! 정말이옵니다."

보좌관도 말했습니다.

"어허! 이런 일도 있을까?"

왕은 그만 너털웃음을 터뜨렸습니다. 식당이 떠나갈듯 왕의 웃음소리는 매우 컸습니다.

식당 주인은 폐하라는 말에 깜짝 놀라 어쩔 줄을 몰라 했습니다. 무슨 잘못을 저지르지 않았나 싶어 몸을 부들부들 떨었습니다.

왕은 웃음을 그치고 식당 벽에 걸려 있는 거울 앞으로 식당 주인을 데리고 가 나란히 서 보았습니다.

이건 너무도 닮은꼴이었습니다. 만일 똑같은 옷을 입었다면 왕과 식당 주인을 얼른 구별하기가 어려웠을 겁니다. 아니 정말 구별할 수 없었습니다.

"쌍둥이도 저렇게 닮을 수는 없어."

시종 무관은 거울에 비친 두 사람의 모습을 보고 이렇게 중얼거렸습니다. 너무도 닮은 데 감탄하여 말이 제대로 나오지 않았습니다.

왕은 저녁 먹는 것을 잊어버리고 말았습니다. 자리로 다시 돌아와 식당 주인을 자리에 앉게 했습니다.

"폐하, 죽을죄를 지었사옵니다. 폐하를 닮은 얼굴이 되어서……."

식당 주인은 겁에 질려 말을 제대로 못했습니다. 그저 부들부들 떨기만 하였습니다.

"그게 무슨 소리냐? 죽을죄를 지었다니, 그건 말이 안 되는 소리로다. 나를 닮아 태어났다 해서 네가 죄가 될 것은 없다. 이건 하느님이 하신 일이라 너는 죄스러워 할 일이 못 된다. 마음을 푹 놓아라. 나를 닮은 얼굴이 이 나라 아니 이 세상에 있다니 그저 흐뭇하기만 하구나."

왕은 아주 부드러운 말로 미소를 띠며 말했습니다. 그래도 식당 주인은 겁에 질려 있었습니다.

"너무 그럴 것 없다. 폐하께선 폐하를 닮은 너를 가까이하고 싶으신 거다. 바다같이 넓은 폐하의 마음을 헤아려야지."
시종 무관이 식당 주인에게 마음을 놓도록 말하였습니다.
"그래, 이름이 무엇인고?"
식당 주인은 얼른 대답을 하지 못했습니다.
'이거, 야단났네. 폐하와 같은 이름이라면 목이 달아나는 건 아닐까?'
이렇게 생각하니 식당 주인의 입은 그만 얼어붙고 말았습니다.
"무얼 꾸물거리고 있는가? 어서 말하지 않고."

시종 무관이 대답을 재촉했습니다.

"움베르토이옵니다……."

식당 주인의 말은 모기 소리 만했습니다.

"뭐라고!"

왕과 시종 무관, 보좌관은 또 한 번 놀랐습니다.

얼굴이 꼭 닮은 것도 신기한데 이름까지 같다니, 어느 누가 놀라지 않겠어요.

"그거 기이한 인연이로군."

왕은 빙그레 웃으면서 다시 물었습니다.

"올해 나이 몇 살인고?"

"1844년 3월 14일에 태어났사오니 56세이옵니다."

"뭐라고!"

왕은 하마터면 뒤로 넘어질 뻔했습니다. 태어난 생년월일도 같으니 이건 하느님의 조화치곤 너무도 기이한 일이 아닐 수 없었습니다.

왕은 다시 식당 주인을 바라보며 물었습니다.

"고향은……?"

왕은 식당 주인을 넌지시 바라보며 대답을 기다렸습니다.

'태어난 곳까지야 같을라고.'

왕은 이렇게 생각했습니다.

"몬자 마을이옵니다."

왕은 또 놀라지 않을 수 없었습니다.

'태어난 곳까지 같다니……'

왕은 이렇게 중얼거리며 식당 주인에 대해 더욱 흥미를 느꼈습니다. 다시 꼬치꼬치 물었습니다.

"1868년 4월 22일 마르가레타라는 이름의 여자와 결혼했사옵니다."

"저런……."

왕은 놀랍기보다 흥미가 더했습니다. 왕비의 이름도 식당 주인의 아내 이름과 같고 결혼 날짜도 똑같았습니다.

"아들이 있는가?"

"예, 비토리오라고 부르는 아들이 하나 있사옵니다."

왕은 고개를 끄덕이며 웃기만 하였습니다. 이건 우연이라고 볼 수 없는 일이라고 왕은 여겼습니다. 왕자의 이름도 비토리오였으니 점점 스무 고개 수수께끼를 풀어 가는 듯했습니다.

움베르토가 왕이 되던 날 식당 주인 움베르토는 식당을 개업했답니다.

"지난날 나를 한 번도 마주친 일은 없느냐?"

식당 주인은 머리를 조아리며 말했습니다.

"1866년 병사로 폐하의 부대에 근무했사옵니다."

"또?"

"1876년에 폐하가 군단장으로 계실 때 상사로 무공 훈장을 받았사옵니다. 그러나 당시에는 직접 뵙지는 못했사옵니다."

왕은 고개를 끄덕이며 어서 시킨 음식을 가져오라고 말했습니다. 식당 주인이 주방으로 가자 왕은 다시 시종 무관에게 말했습니다.

"나는 저 사람을 내일 이탈리아 왕실의 근위병으로 임명할 작정이야. 그가 반드시 나를 찾아오도록 하여라."

그 이튿날이었습니다.

"그 식당 주인에게 말을 하였는가, 나를 찾아오도록?"

"황송하옵니다. 그 식당 주인은 조금 전에 괴한의 총에 맞아 숨을 거두었다고 하옵니다."

"어허! 그거 애석하군. 장례식이 몇 시인지 알아보도록 하라. 내가 장례식에 참석할 테니."

왕은 보좌관에게 장례 시간을 알아오도록 명령하였습니다.

그 순간이었습니다.

"탕탕탕!"

총소리가 세 번 터졌습니다. 첫 번째 총알은 왕을 비켜 갔지만 나머지 두 발은 왕의 심장을 꿰뚫었습니다. 왕은 이내 숨졌습니다.

얼굴과 지나온 일이 꼭 닮아서 그럴까요? 죽음도 꼭 닮았으니 참으로 불가사의한 일이 아닐 수 없네요. ★

움베르토 1세(Umberto I, 1844 - 1900)

사보이의 공작이며 이탈리아의 왕.

비토리오 엠마누엘레 2세의 아들로 1844년 3월 14일 태어났습니다. 1868년 사촌인 마르가레타 마리아 테레사 죠바나 공주와 결혼했고, 1869년 외아들 비토리오 엠마누엘레 3세가 태어났습니다.

1878년 왕위에 올라 오스트리아, 독일과 3국동맹을 맺었지만, 민족주의와 제국주의 정책을 지지하면서 사회가 많이 불안해졌습니다. 사회 불안이 점점 심해지자 계엄령 선포(1898)와 지방에서 자행된 가혹한 탄압 조치를 용인했습니다. 그러다 이런 혼미한 상황에서 결국 무정부주의자 브레시의 손에 의해 1900년 7월 29일에 암살되었습니다.

귀신이 치료하는 환자

 의사는 의과 대학을 나와 의사 면허 시험에 합격해야만 병든 사람을 치료할 수 있습니다.
 의사는 아무나 하는 게 아닙니다.
 면허 없이 병든 사람을 치료하면 어떻게 될까요? 큰일 나고도 남을 겁니다. 면허 없이 병든 사람을 치료하는 사람을 돌팔이라고 합니다.
 그런데 의학 공부라곤 하나도 하지 않았고, 의과 대학 문턱에 가 보지도 않았는데 병든 사람을 너무도 잘 고친 사람이 있었습니다.

1918년 브라질의 벨로 호지존테에서 한 아기가 태어났습니다.

어렸을 때는 눈부신 빛이 보인다고 하며 알아들을 수 없는 말로 자주 지껄이곤 했습니다. 늘 환각 상태에 빠져 있는 것 같았습니다.

청년이 되어서는 광산에서 일하다가 그만두고 술집을 차려 살림을 꾸려 갔습니다. 그때부터 아리고는 밤마다 꿈에 시달렸습니다. 꿈 때문에 심한 두통을 앓았습니다.

꿈속에서는 병원의 수술실이 자주 나타났습니다. 그리고 꿈속의 그 수술실에서 건장한 체격의 백인 남자를 만났습니다. 어렸을 때부터 아리고의 머릿속을 뱅뱅 돌던 그 남자였습니다. 그 남자는 의사였습니다.

어느 날 꿈속에서 그 남자는 자신의 신분을 밝혔습니다.

"나는 아돌프 프리츠 박사다. 비록 나는 제1차 세계대전 때 죽었지만 의사로서의 할 일을 다 못했다. 나는 나의 일을 계속해서 대신해 줄 사람을 찾

고 있다. 가장 알맞은 사람으로 아리고 너를 선택했다. 앞으로 너는 너의 주위에 있는 병든 사람과 어려운 사람을 도와주어야 겠다. 그래야 내가 평온을 얻을 수 있어."

이 말을 듣고 아리고는 어리둥절해 하다가 꿈을 깨곤 했습니다. 이러한 꿈은 여러 해 동안 계속되었습니다.

1950년 아리고에게 이상한 일이 일어났습니다.

아리고는 브라질의 상원의원인 비뗀꼬르트가 묵고 있는 호텔에서 하룻밤을 보냈습니다. 비뗀꼬르트는 폐암을 앓고 있었습니다. 의사는 미국에 가서 수술을 받으라고까지 했습니다.

그 날 밤이었습니다. 비뗀꼬르트가 막 잠들려고 하였습니다. 그 때 방문이 열렸습니다. 누군가가 방으로 들어와 불을 켰습니다. 아리고였습니다. 아리고의 눈은 흐리멍덩했고 그의 손에는 면도 칼이 들려 있었습니다.

"위급하기 때문에 수술을 해야 하오."

아리고는 이렇게 말하면서 수술을 시작했습니다. 그러자 비뗀꼬르트는 의식을 잃었습니다. 그가 다시 의식을 찾았을 때 그의 파자마 상의는 칼로 갈가리 찢어져 있었고 피가 묻어 있었습니다. 또 가슴팍에는 깨끗이 도려낸 자리가 있었습니다. 비뗀꼬르트는 옷을 입고 아리고의 방으로 갔습니다.

"고맙습니다. 수술을 이렇게 안전하게 해 주셔서."

비뗀꼬르트는 아리고에게 인사를 했습니다. 아리고는 그에게 인사를 받고 어리둥절했습니다.

"나는 그런 일을 한 적이 없는데요."

아리고는 말했습니다. 비뗀꼬르트는 아니라고 우겼습니다. 아리고는 비뗀꼬르트의 방으로 갔습니다. 그의 방에 있는 피 묻은 파자마와 가슴을 도려낸 걸 보고 어떤 수술이 있었다는 걸 느꼈습니다.

"나는 이 방에 온 기억이 없는데요."

아리고는 정말 그런 일이 없다고 우겼습니다. 방으로 돌아온 아리고는 걱정이 조금 되었습니다.

'내가 어떤 환각 상태에서 수술을 한 건 아닐까?'

의문이 꼬리를 물기 시작했습니다. 혹시 꿈속의 의사인 그 남자의 목소리에 이끌려 갔을지도 모른다고 생각했습니다.

비뗀꼬르트는 병원에 가서 X선 촬영을 했습니다. 폐암은 흔적을 찾아볼 수 없었습니다. 정상인이 되었습니다.

비뗀꼬르트는 그 날 밤에 일어났던 일을 의사에게 말했습니다. 그리고 이웃 사람들에게 이야기했습니다. 이 소문은 삽시간에 온 나라에 퍼졌습니다. 신문에도 실렸습니다.

신부나 의사들은 헛된 거짓말이라고 믿지 말라고 하였습니다. 그러나 환자들은 구름처럼 모여들었습니다. 아리고는 이들을 수술하고도 그것을 기억하지 못했습니다. 아리고에게 수술을 받은 환자들은 말끔히 나았습니다.

6년 동안 하루에 300명의 환자를 치료했습니다. 신부와 의사들은 불법 의료 행위를 한다고 아리고를 고소했습니다.

아리고는 재판정에 끌려갔습니다.

"어떤 방법으로 치료를 하는가?"

판사가 물었습니다.

"주기도문부터 시작합니다. 그 순간부터 아무것도 보이지 않고, 또 무얼 하는지 나 자신도 모릅니다. 다른 사람들은 내가 처방전을 쓰더라고 말하지만 전 그런 기억이 없습니다."

아리고는 이렇게 말했습니다.

"그러면 수술은?"

"그것도 마찬가지입니다. 전 저도 모르는 상태에 있습니다. 단지 가난한 사람들을 돕고 싶다는 생각뿐이었습니다."

"하지만 당신은 수술을 하고 있지 않은가?"

"수술하는 것은 제가 아닙니다. 저는 프리츠 박사의 정신과 환자들을 연결해 주는 중개자일 뿐입니다."

판사는 종잡을 수가 없었습니다. 이 재판 소식을 들은 브라질 사람들은 아리고 편을 들었습니다.

아리고는 죽은 프리츠 박사를 법정에 증인으로 데려올 수 없었습니다. 아리고는 징역 15개월과 5천 크루제이로(옛 브라질 화폐)의 벌금형을 받았습니다. 나중에 고등 법원에서 징역 8개월에 집행유예 1년으로 판결을 받았습니다.

'집행유예 기간 동안에 판사의 허락 없이는 이곳을 떠날 수 없고 환자들의 치료를 할 수 없다.'

판사는 이렇게 다짐을 주었습니다. 아리고는 한동안 환자들을 돌보지 않았습니다. 그러나 다시 두통이 시작되었습니다. 얼마 후 경찰의 감시가 소홀해지자 아리고는 환자를 돌보기 시작했습니다. 수술도 했습니다.

1963년 8월, 아리고는 미국의 심령 연구가인 안드리아 푸하리치 박사를 수술했습니다. 의학 박사이면서 심령 연구가인 푸하리치 박사는 오른쪽 팔꿈치 안쪽에 조그마한 혹이 하나 있었습니다.

"박사님, 소매를 걷어 올리십시오."

푸하리치 박사는 아리고가 하라는 대로 소매를 걷어 올리고 수술대 위에 올랐습니다. 10초쯤 되었을까?

푸하리치 박사는 아리고가 축축하고 미끈미끈한 것을 자기의 손에 놓는 것을 느꼈습니다. 그건 잘라낸 혹이었습니다. 조금도 아프지 않았습니다. 상처는 빨리 그리고 깨끗하게 나았습니다.

1964년 11월 20일 법원에서는 아리고에게 불법의료 행위로 다시 징역형을 선고 받았습니다.

 아리고는 감옥에 들어갔습니다. 감옥에 들어가서도 병든 사람을 치료했습니다. 1965년 11월 아리고가 대통령의 특사로 형의 일부를 감면받아 감옥에서 나왔습니다.

 환자들은 아리고의 집에 다시 구름처럼 모여들었습니다. 아리고는 환자 한 사람 한 사람에게 진단을 내렸습니다.

 "어떻게 그렇게 빨리 진단을 내리고 전문적인 현대 의학 용어를 쓸 수 있소?"

 푸하리치 박사는 신기하기도 하고 의문투성이기도 해서 물었습니다.

 "그건 쉽죠. 프리츠 박사가 제게 하는 말을 귀담아 듣고 그것을 되풀이하기만 하면 되니까요. 전 항상 왼쪽 귀로 프리츠 박사의 음성을 듣습니다."

 푸하리치 박사는 아리고의 말이 진실인지 여러 가지로 실험을 하였습니다.

 수술 장면을 카메라에 담았습니다. 푸하리치 박사는 아리고의 치료 장면과 여러 가지 증거를 안과 의사, 핵물리학자, 심령술사, 정신과 의사, 심장병 전문 의사 등 여러 분야의 관심 있는 사람들에게 보여 주었습니다.

 "아리고의 치료법이 옳다."

모두들 이렇게 말했습니다.

아리고는 의학 교육을 전혀 받지 않았는데도 환자를 한번 흘깃 보고 진단을 내렸으며, 정확한 처방을 했습니다. 그는 진료의 대가를 전혀 받지 않았습니다.

참으로 신비한 일이 아닙니까?

아리고라는 이름으로 세계적으로 알려진 호세 페드로데 프레이타스는 1971년 1월 11일 자동차 사고로 사망했습니다. ★

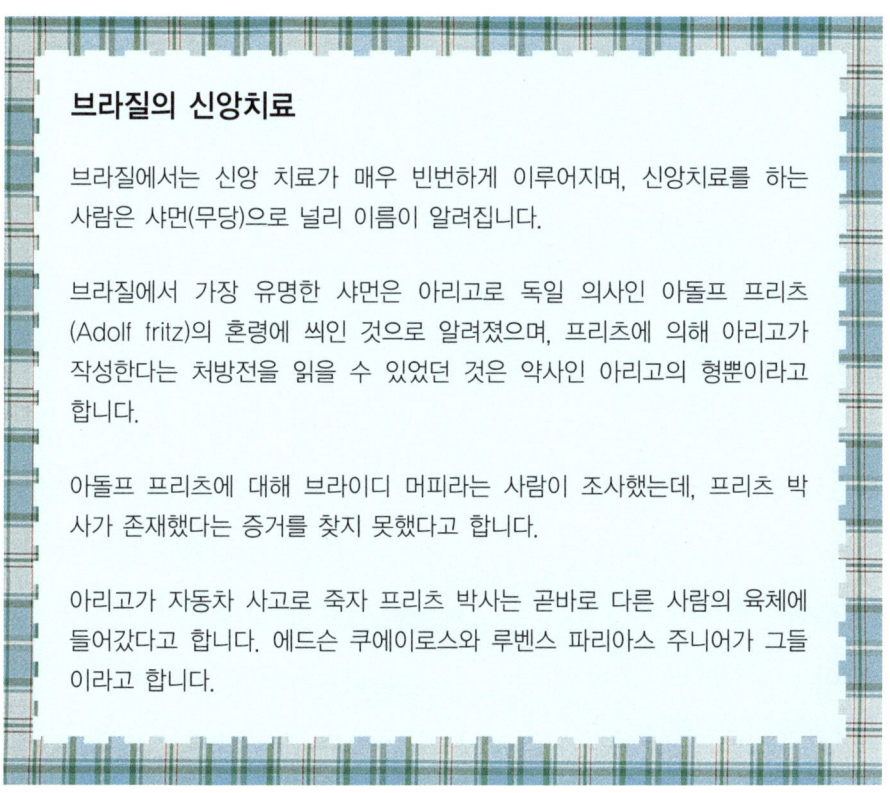

브라질의 신앙치료

브라질에서는 신앙 치료가 매우 빈번하게 이루어지며, 신앙치료를 하는 사람은 샤먼(무당)으로 널리 이름이 알려집니다.

브라질에서 가장 유명한 샤먼은 아리고로 독일 의사인 아돌프 프리츠(Adolf fritz)의 혼령에 씌인 것으로 알려졌으며, 프리츠에 의해 아리고가 작성한다는 처방전을 읽을 수 있었던 것은 약사인 아리고의 형뿐이라고 합니다.

아돌프 프리츠에 대해 브라이디 머피라는 사람이 조사했는데, 프리츠 박사가 존재했다는 증거를 찾지 못했다고 합니다.

아리고가 자동차 사고로 죽자 프리츠 박사는 곧바로 다른 사람의 육체에 들어갔다고 합니다. 에드슨 쿠에이로스와 루벤스 파리아스 주니어가 그들이라고 합니다.

세 번 교수형을 당하고 살아난 사형수

"마지막으로 남길 말은 없는가?"

사형 집행인이 올가미에 목이 매어진 사형수를 보고 물었습니다.

"나는 금화와 은화가 든 주머니는 훔쳤지만 살인만은 하지 않았습니다. 진짜 살인범은 경찰의 감시 아래 저 관중 속에 서 있는 아이작 시몬즈입니다."

올가미에 목이 멘 사형수는 차분히 말을 했습니다.

"야! 말이 많다. 지옥에 갈 놈이 무슨 잔소리냐?"

관중 속에 서 있던 아이작 시몬즈는 소리를 내질렀습니다. 그것은 자기 이름이 잘 들리지 않게 하려는 수작이었습니다. 그러나 관중들은 사형수의 입에서 흘러나온 시몬즈의 이름을 들었습니다.

"새뮤얼즈를 석방하고, 시몬즈를 재판하라."

관중들은 이렇게 일제히 소리를 지르며 사형 집행인 앞으로 몰려 나오기 시작했습니다.

그 때 사형 집행인은 그만 말을 때렸습니다. 말은 땅을 박차고 달려 나갔습니다. 올가미의 끈이 말에 매어져 있어 말이 달리면 올가미가 옭매이고 사형수는 목이 조여 죽고 맙니다.

그런데 이게 어쩐 일입니까?

사형수 새뮤얼즈는 올가미에 대롱대롱 매달리는가 싶더니 그만 땅에 떨어지고 말았습니다.

"와! 올가미의 끈이 풀어졌다."

군중들은 이렇게 외쳤습니다. 간수들이 새뮤얼즈를 둘러쌌습니다.

"와! 새뮤얼즈가 살았다."

"새뮤얼즈는 살인범이 아니다. 그를 풀어 줘라."

새뮤얼즈는 1803년 오스트레일리아의 시드니에서 금화와 은화가 든 주머니를 훔치고, 금화 주머니의 주인을 죽였다는 혐의를 받았습니다. 얼마 후 체포된 조셉 새뮤얼즈의 주머니에서 금화와 은화가 나왔습니다.

"네가 바로 이 사건의 범인이야."

경찰은 새뮤얼즈를 살인죄로 기소하였습니다.

"나는 살인범이 아닙니다. 이 돈은 노름판에서 딴 것입니다. 나는 사건이 일어났을 때 술에 취해 정신이 흐린 상태였습니다. 그것뿐만이 아닙니다. 사건 현장에서 수십 킬로미터 떨어진 곳에 있었습니다."

새뮤얼즈는 이를 증명할 증인들까지 내세웠습니다. 그러나 경찰은 끈질기게 새뮤얼즈를 추궁하였습니다.

"나는 물건은 훔쳤지만 살인은 하지 않았습니다."

경찰의 끈질긴 추궁에 새뮤얼즈는 절도는 인정했지만 살인만은 하지 않았다고 한사코 주장했습니다.

"새뮤얼즈의 범행은 살인죄에 해당된다. 새뮤얼즈에게 사형을 선고한다."

재판관은 새뮤얼즈에게 사형 판결을 내렸습니다.

그 무렵 사건의 공범인 시몬즈라는 사람도 붙들렸습니다.

"나는 범행을 저지른 일이 없습니다. 나는 절대로 그런 나쁜 짓을 하지 않았습니다."

시몬즈는 모든 혐의를 부인했습니다. 교도소장은 심리적인 충격을 주면 자백하리라는 생각에서 시몬즈를 새뮤얼즈의 처형장에 데리고 갔었던 것입니다.

"다시 올가미를 씌워라."

사형 집행인이 소리쳤습니다. 올가미가 잘못 묶여서 바닥에 떨어졌다고 생각한 사형 집행인은 다시 새뮤얼즈의 목에 올가미를 씌웠습니다.

군중들은 몹시 웅성거렸습니다.

"빨리 말을 몰아라."

사형 집행인이 소리쳤습니다. 명령이 떨어지자마자 새뮤얼즈의 목은 올가미에 대롱대롱 매달렸습니다.

그런데 또 기적 같은 일이 일어났습니다. 올가미의 끈이 또 스르르 풀어졌습니다. 새뮤얼즈는 또다시 땅에 떨어졌습니다.

"신이 새뮤얼즈가 범인이 아니라고 증명하신 거다."

관중들은 새뮤얼즈를 살려야 한다고 소리쳤습니다. 사형 집행인은 흥분한 관중들의 말을 들을 수 없었습니다.

"다시 떨어지지 않도록 올가미를 단단히 매어라."

간수들은 사형 집행인의 명령에 세 번째로 새뮤얼즈의 목에 올가미를 씌웠습니다.

"이번엔 실수하면 안 된다. 말을 세차게 몰아라."

그러나 이번에도 새뮤얼즈의 머리 위쪽에서 올가미의 끈이 끊어졌습니다.

"이거 큰일 났구나."

교도소장은 급히 말을 타고 전속력으로 지사에게 달려갔습니다.

"사형수의 올가미가 세 번이나 풀어졌습니다."

"뭐라고!"

지사도 놀란 눈이 둥그레졌습니다. 지사는 한참이나 생각을 하다가 결정을 내렸습니다.

"새뮤얼즈의 사형을 잠시 미루고 그 원인을 조사하시오."

교도소장은 실패한 올가미의 끈을 정밀 검사하였습니다. 그러나 일부러 새뮤얼즈를 살려 주려고 느슨하게 올가미를 맨 흔적은 없었습니다.

세 번째 올가미의 끈에 180킬로그램이나 무게가 나가는 쇠붙이를 매달아 시험을 해 보았습니다. 이리저리 실험을 해보았지만 올가미의 끈은 엄청난 무게를 견뎌 냈습니다. 그러니까 웬만해서는 끈이 끊어지지 않는다는 것입니다.

'그러면 새뮤얼즈에게 신의 힘이 주어진 것인지도 모른다. 그는 보통 사람이 아님이 틀림없어. 보통 사람이면 이 올가미로 바로 죽고 말아. 이건 기적이야. 아니, 새뮤얼즈의 결백을 증명해 보이는 일이야. 그렇다면 새뮤얼즈는 범인이 아니야. 새뮤얼즈가 세 번이나 살아난 것이 범인이 아니라는 증거야.'
교도소장은 이런 사실을 지사에게 보고하였습니다.
"나도 그런 생각이 들었소. 시몬즈를 다시 재판에 부

치시오. 그의 자백을 받도록 하시오."

교도소장은 지사의 명령을 받고 시몬즈를 다시 재판에 부쳤습니다.

"살인을 했지?"

재판관의 물음에 시몬즈는 좀처럼 입을 열지 않았습니다.

"바른 대로 말하면 교수형을 면할 수도 있다."

그제야 시몬즈는 자백을 했습니다.

"제가 살인을 했습니다."

재판관은 교수형을 면해 주고 싶었습니다. 그러나 첫 번째의 허위 자백 때문에 정상을 참작할 수 없었습니다.

재판관은 시몬즈에게 교수형을 내렸습니다. 이와 함께 새뮤얼즈는 다시 교도소로 돌아갔습니다.

"아, 당신이 교수대에서 살아난 그 유명한 새뮤얼즈군요. 당신은 영원히 죽지 않는 불사신이군요."

그 곳의 다른 죄수들은 새뮤얼즈를 보고 부러워하는 얼굴을 했습니다.

"그건 기적일 뿐일세. 나는 보통 사람이야. 아니, 보통의 강도지."

새뮤얼즈는 조금 뽐내며 말을 이었습니다.

"여기서 이렇게 죽을 날만 기다리고 있을 거야?"

다른 죄수들은 이 말에 눈이 둥그레졌습니다.

"탈출하는 거야."

새뮤얼즈는 다른 죄수들과 탈출 계획을 세웠습니다.

마침내 그들은 보트를 훔쳐 바다로 탈출했습니다. 그 후 새뮤얼즈의 소식은 끊기고 말았습니다.

"바다로 탈출하다 모두 바다에 빠져 죽었겠지."

사람들은 이렇게 말하기도 했습니다. ★

수정 구슬을 통해 사고를 예언하는 사나이

1969년 1월 16일 밤이었습니다.
"오늘 석간신문이 있으면 좀 봅시다."
조셉 딜루지라는 사람이 호텔 휴게실에 들어서며 말했습니다.
"무슨 기사를 읽고 싶습니까?"
휴게실 종업원이 신문을 내밀면서 물었습니다.
"시카고 남부 지역에서 일어난 열차 충돌 기사를 읽고 싶어서입니다."
"무슨 충돌이라고요?"
옆에 서 있던 어느 한 남자가 물었습니다.

"열차 충돌 사고…….."

"금시초문인데요? 신문에는 그런 기사가 나지 않았는데요. 사고가 어디서 났단 말입니까?"

휴게실 종업원이 이상하다는 듯 조셉 딜루지를 쳐다봤습니다.

"시카고 남부 지역이오."

딜루지는 태연하게 말했습니다. 휴게실 종업원은 어리둥절한 표정으로 딜루지를 바라보았습니다.

"안개 속에서 두 열차가 충돌한 거요. 제2차 세계 대전 이후 25년 만의 최악의 열차 사고지요. 수많은 사상자가 날 겁니다."

종업원이 라디오를 켰습니다. 그 때가 밤 11시였습니다. 뉴스 시간인데도 열차 사고에 대한 뉴스는 없었습니다.

"손님, 손님이 무얼 잘못 생각했거나 잘못 안 건 아닙니까?"

"조금 있으면 내 말이 거짓말인지 참말인지 알 거요."

딜루지는 휴게실 안의 사람들이 믿거나 말거나 아랑곳하지 않았습니다. 호텔 휴게실 안의 사람들도 더 이상 딜루지의 말을 믿지 않았습니다.

두 시간 후인 1월 17일 새벽 1시가 되었습니다. 라디오 뉴스 속보가 흘러나오기 시작했습니다.

"일리노이 센트럴 열차 두 대가 시카고 남쪽 72킬로미터 지점에서 정면으로 충돌하였습니다. 안개가 많이 끼어서 앞을 보지 못한 것이 충돌의 원인이라고 합니다. 부상자 47명, 사망자 3명이었습니다. 이 지역에서는 25년 만에 일어난 가장 큰 열차 사고입니다."

라디오 뉴스를 들은 사람들은 딜루지의 말을 다시 떠올렸습니다.

"그 사람 정말 족집게인데. 정말 미래를 알아맞히는 예언자야."

사람들은 딜루지의 예언에 다시 한 번 감탄하였습니다.

딜루지는 이미 1968년 12월 4일, 인디애나 주 게리에서 라디오 쇼에 나와 열차 충돌 사고를 미리 예언한 적이 있었습니다.

"5~6주 안에 열차 충돌 사고가 일어날 것입니다."

사람들은 딜루지의 예언에 별로 관심을 갖지 않았습니다. 그러나 딜루지의 예언은 맞아 떨어졌습니다.

조셉 딜루지는 어떤 사람일까요?

그는 남자 미용사로 일하고 있었습니다. 학교도 정규 과정을 마치지 못했습니다.

그런데 언제부턴가 수정 구슬을 가지고 점을 치기 시작하였습니다. 딜루지는 텔레비전이나 신문에서 여러 차례 사고가 날 것이라고 예언했습니다.

딜루지는 1967년 11월 25일, 커다란 다리가 무너질 거라고 예언을 했습니다.

3주 후인 12월 16일에 그 예언이 맞아떨어졌습니다.

이 날 웨스트버지니아의 포인트 플레즌트에서 오하이오 강을 가로지르는 실버 브리지가 무너져 내렸습니다. 이때의 인명 피해는 사망자 36명, 실종 10명으로 보고되었습니다.

1968년 1월 8일이었습니다.

"올해는 큰 소요 사태는 없고 그 대신 본격적인 폭동이 일어날 것입니다."

딜루지는 이렇게 예언했습니다.

"1968년 4월 7일, 시카고 지역에 폭력 사태가 발생하여 비상사태를 선포하고, 연방 군인 5천 명을 투입했습니다."

일리노이 주 지사는 폭동을 진압하기 위해 비상사태를 선포하였습니다.

"딜루지의 예언은 어떻게 그리도 정확합니까?"

사람들은 몹시 궁금하게 여겼습니다.

"딜루지에게 점을 치러 가야겠어."

사람들은 이렇게 말하며 자기의 앞날을 점치기 위해 딜루지에게 몰려갔습니다.

딜루지는 찾아온 손님을 앞에 앉혀 놓고 수정 구슬을 요리조리 굴립니다.

"가만히 있어요."

딜루지는 반짝거리는 수정 구슬을 들여다보면서 무어라 중얼거렸습니다. 그러면 수정 구슬의 반짝거리던 표면이 흐려지면서 구름 같은 형상이 일어납니다.

점치러 간 사람은 자기도 모르게 황홀해진다고 합니다.

상 위에 놓인 수정 구슬을 두 손으로 감싸듯이 하면서 중얼거리다가 갑자기 눈을 둥그렇게 뜨고 말을 한답니다.

"한 달 후면 당신은 교통사고를 당할 것이오."
"일주일 안에 당신은 물건을 잃을 것이오."
"20일 안에 당신은 큰 행운을 얻을 것이오."
이런 점괘를 듣고 돌아온 사람들은 정말 딜루지의 예언대로 일을 당했다고 합니다.

참으로 신기한 일이 아닐 수 없었습니다.
"1969년 9월 9일 오후 3시, 인디애나폴리스 근처에서 제트기가 추락할 것이다."
딜루지는 이렇게 예언했습니다. 워낙 딜루지의 예언이 족집게처럼 맞아떨어지기 때문에 사람들은 은근히 겁을 먹었습니다.
"정말, 그 날 제트기 추락 사고가 일어날까?"
사람들은 무척 두려워했습니다.
"딜루지의 예언이 이번만은 맞아떨어지지 않았으면 좋겠어."
어떤 사람들은 이렇게 말하기도 했습니다. 너무 정확한 예언에 질투가 생겨서 일까요? 아니면 공포심 때문일까요?
1969년 9월 9일 오후 3시가 되었습니다.
엘리게니 항공사의 DC-9 여객기가 인디애나폴리스 근처를 비행하고 있었습니다. 이때 자가용 비행기가 날아오다 그만 충돌하고 말았습니다.

승무원 4명과 승객 78명이 사망했습니다. 자가용 비행기를 조종하던 조종사도 사망하였습니다.

정말 귀신같은 예언이었습니다.

하이메라는 딜루지의 예언대로 큰 사고를 당했습니다.

"당신은 10만 달러짜리 보험에 가입하였군요. 당신 아내가 그 보험금을 탈겁니다. 3주 후면 그런 일이 일어날 것입니다."

수정 구슬을 들여다보며 딜루지가 말하자 하이메라는 화를 벌컥 내고 돌아갔습니다. 정말로 3주 후, 그 사람은 자동차를 시속 80킬로미터로 운전하다가 반대편의 승용차와 충돌하여 그 자리에서 사망하였습니다.

딜루지의 예언대로 그의 아내가 10만 달러의 보험금을 탔습니다.

사람들은 딜루지가 예언하는 게 아니라 수정 구슬이 예언한다고 말하기도 하였습니다. ★

조셉 딜루지(Joseph DeLouise)

1969년에 조셉 딜루지(Joseph DeLouise)는 라디오, 텔레비전, 신문을 통해 당시 미국과 전쟁 중이던 베트남의 대통령인 호치민이 곧 사망할 것이라고 발표를 했습니다. 그 해 9월 3일 호치민은 사망했습니다.

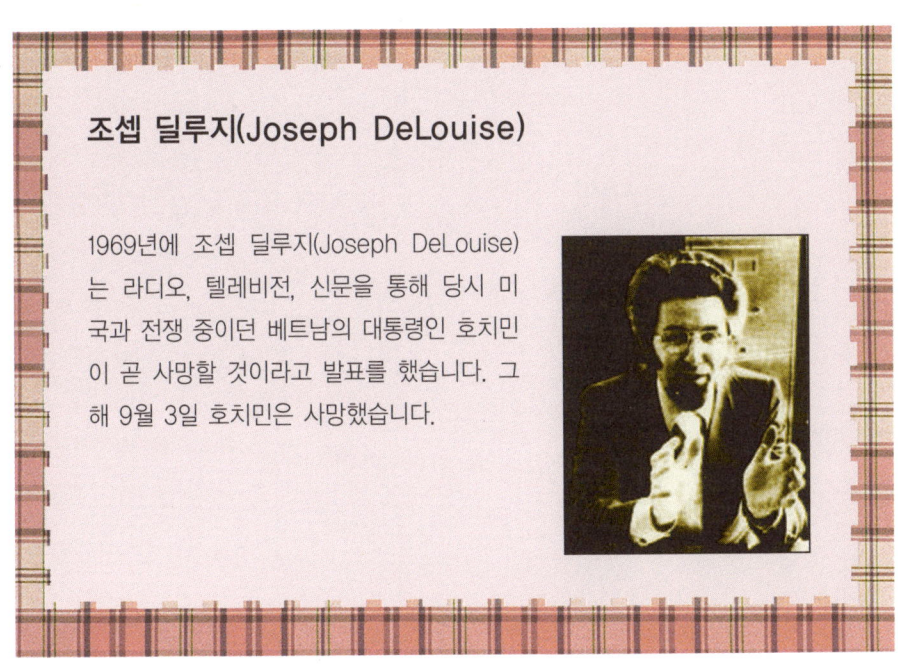